Anja Cantzler

Meine Sinne

Ideen und Spiele für die Praxis
mit Kindern von 0 bis 3 Jahren

Materialien für die Kinderkrippe

Hase und Igel®

© 2013 Hase und Igel Verlag, München
www.hase-und-igel.de
Lektorat: Elena Jell
Satz: Margit Kick
Illustrationen: Corina Beurenmeister

ISBN 978-3-86760-879-4
2. Auflage 2022

Vorwort

Projekt „Meine Sinne"

*„Nichts ist im Verstand,
was nicht durch die Sinne geht."*
Loris Malaguzzi

Von Geburt an – und sogar auch schon davor – begeben sich Kinder auf eine erlebnisreiche Entdeckungsreise. Selbsttätig erschließen sie sich die Welt mit allen Sinnen: Mit den Augen gibt es eine Menge zu entdecken und zu bestaunen. Klänge und Geräusche werden nach und nach besser unterschieden und mit bestimmten Geräuschquellen in Verbindung gebracht. Nicht nur mit den Händen, sondern auch mit den Füßen, dem Mund und dem ganzen Körper ertastet und erkundet das Kind verschiedenste Materialien und Gegenstände. Ihm begegnen immer wieder neue Gerüche und Geschmacksrichtungen, die es einzuordnen gilt.

In diesem Sinne betrachten die Bildungs- und Erziehungspläne für Kinder in den ersten Lebensjahren die Ausbildung einer differenzierten Wahrnehmung der Umwelt mit allen Sinnen als einen pädagogischen Schwerpunkt. Das auf diese Weise erworbene „Weltwissen" bildet die Basis für alle Gedächtnis- und Lernprozesse im weiteren Leben.

Hieraus ergeben sich für die Gestaltung des pädagogischen Alltags folgende Empfehlungen:
- Gestalten Sie die Räume in der Kinderkrippe so, dass die Kinder ausreichend Anregungen für die Entdeckung ihrer Umwelt mit allen Sinnen erhalten. Achten Sie dabei zugleich auf klare Strukturen und Überschaubarkeit, um eine Reizüberflutung zu vermeiden.
- Nutzen Sie die Freispielphase als „Entdeckerzeit": Stellen Sie geeignete Gegenstände und Materialien zur Verfügung, die die Kinder zum Erkunden mit allen Sinnen einladen.
- Integrieren Sie in wiederkehrende Alltagshandlungen bewusst Situationen, in denen sinnliche Erfahrungen möglich sind. Während der Mahlzeiten können Sie die Kinder z. B. auf Geruchserfahrungen und Geschmackserlebnisse aufmerksam machen und diese zur Verdeutlichung sprachlich begleiten: „Die Banane schmeckt sehr süß."

Die vorliegenden Praxismaterialien unterstützen Sie in Ihrer täglichen Arbeit dabei, Kindern von bis zu drei Jahren viele entwicklungsfördernde und bildungsanregende Impulse zur Wahrnehmung mit allen Sinnen anzubieten.

Aufbau des Materials

Auf den folgenden Seiten finden Sie zunächst eine ausführliche Beschreibung der projektorientierten Erschließung des Themas in Form von Themenwochen, einige konkrete Vorschläge, die Eltern in die Schulung der Sinneswahrnehmung miteinzubeziehen, sowie einen kurzen Überblick über die Sinnesorgane und ihre Funktionen. Den Schwerpunkt des Materials bilden fünf Kapitel mit konkreten Ideen und Spielen zu den einzelnen Wahrnehmungsbereichen.

Jedes dieser Kapitel beginnt mit einer kurzen Einführung, die die entwicklungspsychologischen Hintergründe zusammenfasst und die pädagogische Zielsetzung erläutert. Hier finden Sie auch Impulse zur entwicklungsunterstützenden Raumgestaltung und Hinweise zu Ihrer Rolle als Erzieherin. Daran schließen sich jeweils die Spielideen an, die einzeln herausgegriffen, aber auch aufeinander aufbauend verwendet werden können.

Eine übersichtliche Randspalte neben jeder Anregung gibt Auskunft über das Thema und die angesprochenen Bildungs- und Kompetenzbereiche. Da in den ersten drei Lebensjahren die Bandbreite der körperlichen und geistigen Fähigkeiten sehr groß ist, finden Sie auch eine Angabe, ab welchem Alter der Einsatz des jeweiligen Angebots möglich ist. Dabei kann es sich natürlich nur um eine grobe Richtlinie handeln, die Sie den individuellen Fähigkeiten Ihrer Kinder anpassen sollten. Bei der Angabe zur empfohlenen Anzahl der beteiligten Kinder wird zwischen Einzelangeboten, Aktivitäten für eine Kleingruppe von bis zu fünf Kindern sowie Aktivitäten für eine Gesamtgruppe von zehn bis zwölf Kindern unterschieden. Schließlich werden die jeweils benötigten Materialien aufgelistet.

Ich wünsche Ihnen und Ihren Kindern viel Spaß beim Erforschen der Welt mit allen Sinnen!

Anja Cantzler

Inhalt

Einleitung

Themenwochen	6
Elternarbeit	7
Sinneswahrnehmungen	8
Lied: Augen, Ohren, Nase	9

Taktile Wahrnehmung

Die Haut – Fühlen	10
Wickelspiele	11
Die Haut, die ist zum Fühlen da	12
Massagegeschichte	13
Mit dem ganzen Körper spüren	14
Schwammkiste	15
Starke Stärke	16
Lied: Die Wühlkiste	17
Knubbelkissen	18
Fühlstraße	19
Tastwand	20

Visuelle Wahrnehmung

Die Augen – Sehen	21
Bewegungsspiele: Kleine Sprüche zu den Augen	22
Bunte Schau-hin-Kette	23
Lied: Mit den Augen	24
Das Guckrohr	25
Schüttelflaschen	26
Farbenschüttelglas	27
Zauberbilder	28
Lustige Drehereien	29
Nach Farben sortieren	30
Bunte Kreise	31
Besondere Seherlebnisse	32

Inhalt

Auditive Wahrnehmung

Die Ohren – Hören	33
Bewegungsspiel: Meine Ohren	34
Lied: Mit den Ohren kann ich hören	35
Ohrenmassage	36
Bim-Bam-Besen	37
Bambus-Windspiel	38
Lied: Knisterkonzert	39
Klapperflaschen	40
Musikleine	41
Klangspaziergang	42
Hörst du das?	43
Nonsens-Sätze	44

Olfaktorische Wahrnehmung

Die Nase – Riechen	45
Bewegungsspiele: Kleine Sprüche für den ganzen Tag	46
Nasenmemory	47
Duft oder Gestank?	48
Duftsäckchen	49
Teestube	50
Badespaß	51
Kinderseife selbst gemacht	52
Duft-Zauberblume	53
Vorweihnachtliche Dufterlebnisse	54

Gustatorische Wahrnehmung

Die Zunge – Schmecken	55
Bewegungsspiele: Mein Mund und meine Zunge	56
Obstmandala	57
Fingerspiel: Gemüsesuppe	58
Kochclub (1)	59
Kochclub (2)	60
Probier-Bar	61
Gemüseraten	62
Geschmackswürfelspiel	63
Geschmackstest	64

Einleitung

Themenwochen

Um die einzelnen Sinne zu entdecken, besser kennenzulernen und ihre Funktionen zu erforschen, bieten sich Themenwochen an. Über einen längeren Zeitraum, der sich aus den Bedürfnissen und Interessen der Kinder ergeben sollte, werden regelmäßig Spielmaterialien und Anregungen zu einem ausgewählten Sinn angeboten.

Die folgenden Bausteine können Bestandteile einer Themenwoche sein:
- Zur Information und Orientierung der Eltern und Kinder wird an der Tür des Gruppenraums ein Bild des Sinnesorgans aufgehängt, das gerade im Mittelpunkt steht. Anhand dieses Symbols ist das Thema leicht erkennbar und allgegenwärtig.
- Der Gruppenraum wird dem gewählten Schwerpunkt entsprechend gestaltet: Bilder weisen auf das Sinnesorgan hin und kleine Angebote sprechen den Sinn konkret an.
- In einer „Themenkiste" werden Gegenstände und Materialien gesammelt, die den Wahrnehmungsbereich gezielt ansprechen und den Kindern im Freispiel zur Verfügung stehen. Ein besonderer Aufforderungscharakter entsteht, wenn die Kinder den Inhalt von außen sehen und die Kiste selbst erreichen können.
- In den regelmäßig stattfindenden Morgen- oder Spielkreis werden Spiele und Aktivitäten zur Förderung der Sinneswahrnehmung integriert. Hier können Sie auch eine allgemeine Kiste zu den Sinnen zusammenstellen. Ebenso kann eine Handpuppe die Kreisaktivitäten moderieren.
- Der normale Tagesablauf mit seinen speziellen Eckpunkten – Mahlzeiten, Wickeln, Schlafen – bietet darüber hinaus eine Fülle von Möglichkeiten, die Sinne anzuregen.
- Je nach gewähltem Sinnesbereich kann ein Spiel im Außengelände, ein Spaziergang in der freien Natur oder ein Ausflug in den Wald die Angebote der Themenwochen ergänzen.

Beispiel zum Thema „Die Nase – Riechen":
- Auf Augenhöhe der Kinder wird an der Tür des Gruppenraums ein Bild einer Nase angebracht. So sehen Eltern und Kinder am Morgen sofort, welches Thema im Mittelpunkt der Woche steht.
- Im Raum werden in einem Bilderrahmen oder direkt an die Wand Fotos der Nasen der Kinder aufgehängt. An einem gut erreichbaren Ort hängen Duftsäckchen (S. 49) und in Körbchen oder Vasen sind Zweige verschiedener Nadelbäume (S. 54), die beim Trocknen ihren Duft im ganzen Raum entfalten.
- Zum Frühstück regt ein aus Obststücken gestaltetes Mandala (S. 57) zum Probieren an. An einem anderen Tag können die Kinder gemeinsam kochen oder backen. Dabei sollten Sie die Kinder immer wieder einladen, an den einzelnen Nahrungsmitteln zu riechen, um die verschiedenen Gerüche bewusst wahrzunehmen.
- Im Rahmen des Morgen- oder Spielkreises können Sie ein Gespräch über Gerüche anregen, in dem die Kinder erzählen, was sie gerne riechen und was sie nicht so gerne mögen. Als gemeinsame Aktivitäten eignen sich z. B. die Geruchsgläser (S. 48) oder die Herstellung weihnachtlicher Düfte aus Naturmaterialien (S. 54).
- Beim Wickeln können Sie das Kind z. B. an einer Cremetube oder an einer Seife schnuppern lassen.
- Im Außengelände nehmen die Kinder bewusst die verschiedenen Düfte von Kräutern, Blumen und weiteren Pflanzen wahr. An einem anderen Tag wird dies bei einem Spaziergang über eine blühende Wiese oder durch den Wald wiederholt.

Auf diese Weise können Sie die vielseitigen Angebote aus diesem Material miteinander verbinden und den Kindern reichhaltige Erfahrungen zu den einzelnen Wahrnehmungsbereichen ermöglichen.

Einleitung

Elternarbeit

Im Sinne einer guten Transparenz Ihres pädagogischen Handelns in der Kinderkrippe empfiehlt es sich, auch den Eltern die Bedeutsamkeit der Schulung der Sinneswahrnehmung nahezubringen. Geben Sie den Eltern deshalb gezielte Informationen und Anregungen an die Hand, wie sie die in der Krippe stattfindenden Themenwochen im häuslichen Alltag begleiten und unterstützen können. Durch diese Einbindung stärken Sie zugleich die Erziehungskompetenz der Eltern.

Diese Möglichkeiten bieten sich an:

Elternabend
Im Rahmen eines Elternabends, der im Vorfeld der geplanten Themenwochen stattfinden kann, erläutern Sie den Eltern kurz die Bedeutung der Sinneserfahrungen in den ersten Lebensjahren für das weitere Leben der Kinder. Geben Sie ihnen anschließend die Gelegenheit, verschiedene Spiele und Materialien, die zur Förderung einzelner Sinne eingesetzt werden können, kennenzulernen und auszuprobieren. Wählen Sie dafür insbesondere Materialien aus, die in jedem Haushalt zu finden sind, sodass die Eltern die Anregungen zu Hause einfach durchführen können.

Je nach Interesse der Eltern ist es im Rahmen dieser Veranstaltung auch möglich, einzelne Spielmaterialien (z. B. ein Knubbelkissen, S. 18) für das eigene Kind selbst herzustellen.

Impuls der Woche
Stellen Sie den Eltern auf einem ansprechend gestalteten Aushang im DIN-A4-Format eine konkrete, leicht durchführbare Anregung zur Schulung der Sinneswahrnehmung im Alltag vor. Da die Ideen wöchentlich wechseln, bleibt jeder Familie ausreichend Zeit, die Anregung zu Hause auszuprobieren. Wenn Sie die Blätter mit den Vorschlägen laminieren und sammeln, können Sie diese mehrmals verwenden.

Impuls der Woche

Geben Sie Ihrem Kind beim Wickeln eine Cremetube in die Hand und fordern Sie es auf, an der Creme zu riechen. Danach geben Sie ihm einen Klecks Creme zum Fühlen auf die Hand.

Creme kann man sehen, riechen, ertasten ...
Creme ist weiß, weich, cremig, kalt ...
Viel Spaß beim Ausprobieren!

Themenplakat
Erstellen Sie zu jedem Wahrnehmungsbereich ein Plakat, das alle Aktivitäten rund um das Thema Sinneserfahrungen aufzeigt. Auf einem DIN-A2-Fotokarton können Sie mit Fotos, einigen erklärenden Sätzen oder treffenden Schlagworten das Tun der Kinder dokumentieren und den Eltern vorstellen. Besonders ansprechend sind diese Themenplakate, wenn sie in einem passenden Bilderrahmen ausgestellt werden.

Mitmachausstellung
Aus der Kombination eines Themenplakats und einiger Materialien entsteht eine kleine Mitmachausstellung, die im Eingangs- oder Garderobenbereich aufgestellt werden kann. Sie lädt die Eltern und Kinder z. B. während der Bring- und Abholzeit ein, zusammen Sinneserfahrungen zu sammeln. Durch das gemeinsame Tun und Erleben lernen die Eltern einfache Fördermöglichkeiten zur Wahrnehmung kennen und können diese mit den Kindern gleich vor Ort ausprobieren.

Einleitung

Sinneswahrnehmungen

Mithilfe der Sinnesorgane Haut, Augen, Ohren, Nase und Zunge nehmen wir unsere Umwelt wahr. Im allgemeinen Sprachgebrauch unterscheidet man die folgenden fünf Sinne:
- Tasten – die taktile Wahrnehmung
- Sehen – die visuelle Wahrnehmung
- Hören – die auditive Wahrnehmung
- Riechen – die olfaktorische Wahrnehmung
- Schmecken – die gustatorische Wahrnehmung

Diese fünf Sinne werden in Nah- und Fernsinne unterschieden. Die Nahsinne beziehen sich auf den Körper, der Sinneseindruck ist beim Riechen, Schmecken und Tasten direkt mit dem Sinnesorgan verbunden: Man riecht mit der Nase, man schmeckt mit der Zunge und man fühlt mit der Haut. Bei den Fernsinnen Sehen und Hören kann man Informationen auch über eine größere Entfernung aufnehmen, ohne dass eine Verbindung zwischen Sinnesorgan und Wahrnehmungsgegenstand besteht. Der Sinneseindruck entsteht primär im Gehirn.

- Das für die **taktile Wahrnehmung** zuständige Sinnesorgan ist in erster Linie die Haut mit ihren Tast-, Wärme- und Kälterezeptoren. Sie wird auch als Oberflächensensibilität bezeichnet und dient der Wahrnehmung von Berührung, Druck und Vibrationen bzw. Schmerz und Temperatur. Ein Teilbereich der taktilen Wahrnehmung ist die Tiefensensibilität (propriozeptive Wahrnehmung), die die Wahrnehmung von Reizen aus dem Inneren des Körpers bezeichnet und Informationen zur Körperhaltung, zum Spannungszustand der Muskeln und Sehnen und zur Bewegung (kinästhetische Wahrnehmung) liefert.
- Das Sinnesorgan für die **visuelle Wahrnehmung** sind die Augen. Der Sehsinn übermittelt Informationen zu Helligkeit, Farbe, Kontrast, Form, Lage, Bewegung, Räumlichkeit und Beständigkeit von Objekten. In Kombination mit dem Tastsinn werden Informationen zu weiteren Materialeigenschaften gesammelt und an das Gehirn weitergeleitet. Räumliche Orientierung entsteht durch die Zusammenarbeit der Augen mit der Tiefensensibilität und dem Gleichgewichtssinn.
- Die Ohren sind das zentrale Sinnesorgan für die **auditive (oder akustische) Wahrnehmung** und dienen der Aufnahme von Schall. Das Gehör unterscheidet Geräusche, Töne und Klänge, gibt aber auch Hinweise auf den Ort und die Bewegung einer Schallquelle. Im Innenohr befindet sich darüber hinaus das Gleichgewichtsorgan, das der vestibulären Wahrnehmung dient. Es übermittelt Informationen zur Beschleunigung und zu Lageveränderungen des Körpers in Bezug auf die Richtung der Erdanziehung und dient der Kontrolle von Bewegungen.
- Als **olfaktorische Wahrnehmung** bezeichnet man das Riechen mithilfe des Sinnesorgans Nase. Durch die Nase strömt die Atemluft in die Nasenhöhlen, wo sie zur Riechschleimhaut gelangt. Dort befinden sich die Riechzellen, die Duftstoffe wahrnehmen. Der Riechreiz wird ins Gehirn geleitet, dort gespeichert und ist oft stark mit Emotionen verbunden.
- Die **gustatorische Wahrnehmung** dient der Wahrnehmung der Qualität von Nahrung. Das für das Schmecken zuständige Sinnesorgan ist die Zunge mit den darauf befindlichen Geschmacksknospen. Der Sinneseindruck Geschmack ist jedoch wesentlich komplexer und setzt sich neben dem eigentlichen Schmecken auch aus Riech- und Fühleindrücken (Tast- und Temperaturempfindungen in der Mundhöhle) sowie aus visuellen Eindrücken („das Auge isst mit") zusammen.

Kinder begreifen die Welt ganzheitlich mit allen Sinnen. Sie befinden sich ständig mit ihren Händen, Augen, Ohren, ihrer Nase und ihrem Mund auf Entdeckungsreise. Eine Beschränkung auf die Förderung jeweils nur einer Sinneswahrnehmung ist daher bei den meisten Aktivitäten nicht möglich. Daher sind die in den folgenden Kapiteln vorgestellten Anregungen jeweils nur schwerpunktmäßig einem Wahrnehmungsbereich zugeordnet.

Einleitung

Augen, Ohren, Nase

Text und Melodie: Stephen Janetzko

Refrain: Augen, Ohren, Nase, Zunge und die Haut.
Alle meine Sinne, sie sind mir vertraut.

1. Ich kann sehen, sehen, sehen, dazu sind die Augen da.
Und ich sehe, sehe, sehe viele Dinge, hier und da.

2. Ich kann hören, hören, hören,
dazu sind die Ohren da.
Und ich höre, höre, höre
alle Töne, hell und klar.

3. Ich kann riechen, riechen, riechen,
dazu ist die Nase da.
Und ich rieche, rieche, rieche
alle Düfte, fern und nah.

4. Ich kann schmecken, schmecken, schmecken,
dazu ist die Zunge da.
Und ich schmecke, schmecke, schmecke
süß und sauer, wunderbar.

5. Ich kann fühlen, fühlen, fühlen,
dazu ist die Haut ja da.
Und ich fühle, fühle, fühle
von den Zehen bis zum Haar.

6. Ich kann sehen, hören, riechen,
ich kann schmecken und ich fühl.
Es ist schön in meinem Körper,
so ein warmes Wohlgefühl.

aus: CD „Augen Ohren Nase", ISBN 978-3-932455-80-3
© Edition SEEBÄR-Musik Stephen Janetzko, Web: www.kinderlieder-und-mehr.de

Taktile Wahrnehmung

Die Haut – Fühlen

 Der Tastsinn ist der wichtigste Sinn für Säuglinge, weil sie durch ihn am unmittelbarsten ihre Existenz erfahren. Die taktile Wahrnehmung entwickelt sich etwa ab dem zweiten Schwangerschaftsmonat. Wenn das Kind bei der Geburt an die Luft kommt, macht es erste Wahrnehmungen zur Temperatur und spürt die Bewegungen der sie pflegenden Personen. Über die Haut tritt das Kind in Kontakt zu anderen Personen und zu seiner Umwelt. Durch Berührungen spürt es, wo der eigene Körper endet.

Das Organ für die taktile Wahrnehmung, die Haut, verteilt sich über den ganzen Körper. Besonders sensibel sind die Fingerkuppen, die Lippen und die Zunge. Mithilfe des Tastsinns erforschen kleine Kinder ihre Umgebung und lernen die Eigenschaften verschiedener Materialien und Gegenstände kennen und unterscheiden.

Die taktile Wahrnehmungsfähigkeit hat Einfluss auf …
- die Einordnung von Berührungen in „gefährlich" und „ungefährlich", was je nach Ergebnis eine Abwehr zur Folge hat oder nicht.
- die Lokalisierung von Berührungen, z. B. zur Abwehr von Schmerzen.
- das Erkennen der Beschaffenheit unterschiedlicher Oberflächen, wie z. B. weich, glatt, rau.
- die visuelle und auditive Wahrnehmung, da sie diese mit entscheidenden Informationen ergänzt.
- die Emotionalität und Intelligenz, da in den ersten Lebensmonaten und -jahren die Befriedigung der Grundbedürfnisse nach Wärme, Geborgenheit und Nahrung vor allem über Hautkontakt erfolgt. Insofern ist die Ausbildung des Tastens und Fühlens auch fundamental für das Urvertrauen.

In der pädagogischen Praxis ist es daher Ihre Aufgabe, im ritualisierten Tagesablauf Gelegenheiten zu schaffen, bei denen der Tastsinn regelmäßig angesprochen und stimuliert wird.
- Massagespiele lassen das Kind den eigenen Körper spüren und es lernt, welche Körperteile zu ihm gehören. Durch den Einsatz verschiedener Massageutensilien (Igelbälle, Watte, Federn, Backpinsel o. Ä.) kann es darüber hinaus persönliche Vorlieben und Abneigungen entwickeln.
- Kisten mit verschiedenen Alltagsgegenständen, Fühlkissen, Tastwände und unterschiedlichste Materialien bieten Möglichkeiten zum Greifen und Tasten. Diese Tasterfahrungen haben eine nachhaltige Auswirkung auf die Ausbildung der taktilen Wahrnehmung und der Handgeschicklichkeit und Fingerfertigkeit.
- Ein im Gruppenraum aufgestelltes Planschbecken, das mit wechselnden Materialien wie Korken, Papierschnipseln oder Kastanien befüllt ist, wird von Kleinkindern gerne für das ganzkörperliche Erleben genutzt. Auch Rasierschaumpartys, Körperbemalungen mit Fingerfarben und Wasserplanschaktionen ermöglichen taktile Erfahrungen am ganzen Körper.
- Da auch die Fußsohlen sehr sensibel sind, empfiehlt es sich, den Kindern außerhalb von angeleiteten Angeboten viele Gelegenheiten zum Barfußlaufen zu bieten. Im Sommer ist das problemlos im Freien möglich, in einem gut temperierten Bewegungsraum oder in Gruppenräumen mit Fußbodenheizung auch in der kalten Jahreszeit.

Eine besondere Gelegenheit zur Schulung der taktilen Wahrnehmung bietet die Wickelsituation. Durch den direkten Körperkontakt werden verschiedene Sinne rund um die Körperwahrnehmung angesprochen. Die Haut wird durch kleine Massagen und das Auftragen von Pflegemitteln stimuliert.

Aber auch zwischendurch, wenn das Kind zum Kuscheln oder Ausruhen auf Ihren Schoß kommt, kann durch eine kurze Rückenmassage oder ein Handschmeichelspiel (z. B. „Hier hast 'nen Taler") der Tastsinn ganz nebenbei angeregt werden.

Auf den folgenden Seiten finden Sie viele weitere Möglichkeiten, die taktile Wahrnehmung zu stimulieren und zu fördern.

Taktile Wahrnehmung

Wickelspiele

Diese Spiele können bereits mit Kindern ab vier Monaten beim Wickeln gespielt werden. Sie tragen zur Entwicklung der Körperwahrnehmung bei. Der Körperkontakt unterstützt den Bindungsaufbau zwischen Erzieherin und Kind.

Kleine Schnecke

Kleine Schnecke, kleine Schnecke, krabbelt rauf, krabbelt rauf.	*mit den Fingern von den Füßen bis zum Kopf des Kindes wandern*
Krabbelt wieder runter, krabbelt wieder runter.	*mit den Fingern wieder hinunterwandern*
Kitzelt dich am Bauch, kitzelt dich am Bauch.	*das Kind am Bauch kitzeln*

Tipps:
- Durch das Anhängen von „an den Füßen auch", „an den Beinen auch" etc. kann man weitere Körperteile einbeziehen.
- Sie können den Text zur Melodie von „Bruder Jakob" singen und dabei die entsprechenden Bewegungen ausführen.

Das kleine Kitzelmonster

Schau, ich hab dir was mitgebracht,	*beide Hände mit gespreizten Fingern hochhalten*
das Kitzelmonster – gib gut acht!	*mit den Fingern wackeln*
Es liebt zu kitzeln überall, das macht Spaß auf jeden Fall! Das Kitzelmonster kitzelt hier und dort. –	*das Kind kreuz und quer am Körper kitzeln*
Plötzlich ist es einfach fort.	*die Hände hinter dem Rücken verstecken kurz Pause machen*
Nanu, da ist es ja schon wieder.	*beide Hände mit gespreizten Fingern hochhalten*
Und singt beim Kitzeln lustige Lieder: La, la, lala, la, la, la! Es kitzelt hier und kitzelt da.	*das Kind kitzeln und dabei singen*
Es kitzelt fröhlich deinen Bauch.	*am Bauch kitzeln*
Die Füße findet's auch.	*an den Füßen kitzeln*
Leider ist es müde nun.	*mit den Händen die Augen reiben*
Hört jetzt auf, um auszuruh'n.	*eine Hand zum Schlafen an die Wange halten*
Tschüss, kleines Kitzelmonster, bleib so heiter, beim nächsten Mal geht's munter weiter.	*zum Abschied winken*

Taktile Wahrnehmung

Thema:
Fühlen

Bildungsbereich:
Körper und Gesundheit

Kompetenzbereiche:
taktile Wahrnehmung, Körperwahrnehmung und Ich-Identität entwickeln

Alter:
ab 12 Monate

Anzahl:
Klein- oder Gesamtgruppe

Material:
–

Die Haut, die ist zum Fühlen da

Der Tastsinn hat eine große Bedeutung für die geistige und körperliche Entwicklung des Kindes. Neben der Temperatur nimmt die Haut auch Berührungen war, durch die das Kind lernt, sich seines eigenen Körpers bewusst zu werden.

So geht's:

- Versammeln Sie die Kinder im Kreis.
- Ziehen Sie gemeinsam mit den Kindern einige Kleidungsstücke aus, z. B. Strümpfe und Pullover, sodass die Kinder möglichst leicht bekleidet sind.
- Sprechen Sie den Text.
- Die Kinder berühren dabei ihre Haut an den Stellen, die unbekleidet sind, z. B. Hände, Unterarme, Gesicht und Füße.

> Die Haut, die ist zum Fühlen da,
> von den Füßen bis zum Haar.
> Fühlt so vieles immerzu,
> spürt glatt und rau, so ohne Ruh.
> Dann gibt es auch noch hart und weich,
> und warm und kalt, das folgt sogleich.
> Die Haut, die fühlt von früh bis spät,
> auch wenn es schon zum Schlafen geht.

Tipp:

Sprechen Sie das Gedicht beim Wickeln und berühren Sie das Kind dabei sanft an verschiedenen Körperstellen.

Taktile Wahrnehmung

Massagegeschichte

Bei dieser kleinen Massagegeschichte wird das taktile System durch Stimulation der Haut am ganzen Körper angeregt. Die Kinder entspannen sich und lauschen der Geschichte.

So geht's:

- Das Kind liegt bäuchlings möglichst leicht bekleidet in einem warmen Raum auf einer Decke.
- Sie erzählen die Geschichte und bewegen den Kiefernzapfen passend zum Text über den Körper des Kindes.

Es war einmal ein kleiner Kiefernzapfen, der lag auf einem Waldweg unter einem Baum.	der Kiefernzapfen ruht an der Fußsohle
Es langweilte ihn sehr, so dazuliegen, und er überlegte, was zu tun sei.	den Kiefernzapfen an der Fußsohle hin und her bewegen
Da beschloss er die Welt zu erkunden und machte sich rollend auf den Weg.	langsam das Bein hochrollen
Nach einer Weile kam er zu einem Hügel. Hier fand er es sehr spannend und rollte kreuz und quer und hin und her, um den ganzen Hügel kennenzulernen.	auf dem Po hin und her rollen
Dann sah er in der Ferne einen noch größeren Hügel, den wollte er hinaufwandern. So ging er im Zickzack über eine schöne Wiese hinauf.	im Zickzack über den Rücken Richtung Schultern rollen
Oben angekommen suchte er sich eine Kuhle, rollte hier das Gras platt und ruhte sich einen Moment aus.	zwischen den Schulterblättern kreisen und dann kurz innehalten
Dann entdeckte er einen Weg, den er schnell entlangeilte.	einen Arm hinunterrollen
Aber dort ging es leider nicht weiter und er musste umkehren.	wieder zurückrollen
Dann sah er einen zweiten Weg. Hoffungsvoll rollte er diesen hinab.	den anderen Arm hinunterrollen
Aber auch hier musste er wieder umkehren.	wieder zurückrollen
Wieder auf dem Berg angekommen verschnaufte er in der Kuhle.	zwischen den Schulterblättern kreisen und dann kurz innehalten
Dann ging es im Zickzack wieder den Berg hinab und er lief noch ein wenig auf dem kleinen Hügel umher.	im Zickzack über den Rücken hinunter und auf dem Po hin und her rollen
Dann fand er einen neuen Weg und rollte ihn fröhlich hinunter.	das andere Bein hinunterrollen
Unten angekommen fand er ein anderes schönes Plätzchen und er beschloss, hier für die Nacht zu bleiben.	an der Fußsohle etwas hin und her bewegen
Schließlich schlief er müde und zufrieden ein und träumte von seinem schönen Ausflug.	ruhig an der Fußsohle liegen bleiben

Tipps:

- Ab einem Alter von 24 Monaten können Sie die Geschichte auch als Partnerübung anbieten. Die Kinder massieren sich dann gegenseitig mit dem Kiefernzapfen.
- Statt des Zapfens können Sie auch einen Igelball verwenden. In der Geschichte macht sich dann ein Igel auf den Weg.

Taktile Wahrnehmung

Thema:
Körperwahrnehmung

Bildungsbereiche:
Körper und Gesundheit, soziale Beziehungen und Emotionalität

Kompetenzbereiche:
Konzentrationsfähigkeit, Empathie und Körperwahrnehmung entwickeln, Entspannung erleben

Alter:
ab 24 Monate

Anzahl:
Kleingruppe

Material:
Decken, Gegenstände zum Massieren, z. B. Spielzeugautos mit großen Reifen, Igel- oder Tennisbälle, Massagerollen, 0,5-Liter-PET-Flaschen, Sand

Mit dem ganzen Körper spüren

Bei diesen Wahrnehmungsspielen arbeiten die Kinder paarweise. Sie lernen, achtsam mit dem anderen umzugehen und sich gegenseitig zu vertrauen. Außerdem können sie sich dabei entspannen.

Rollmassage

So geht's:

- Die Kinder finden sich zu Paaren zusammen. Geben Sie jedem Paar einen rollenden Gegenstand mit dem es das andere Kind massieren kann.
- Ein Kind legt sich bäuch- oder rücklings auf eine Decke und schließt, wenn es mag, die Augen. Das andere Kind kniet sich daneben und fährt vorsichtig mit dem Gegenstand über den Körper des liegenden Kindes.
- Nach einer Weile werden die Rollen getauscht.
- Falls sich das Kind auf den Rücken gelegt hat, achten Sie darauf, dass das andere Kind das Gesicht ausspart.

Sandspiele

So geht's:

- Dieses Spiel ist am besten bei gutem Wetter in Badebekleidung zu spielen.
- Die Kinder finden sich zu Paaren zusammen.
- Ein Kind legt oder setzt sich in den Sand. Das andere Kind kniet sich daneben und lässt vorsichtig Sand auf verschiedene Körperteile des ersten Kindes rieseln.
- Setzen Sie sich zu einem Kinderpaar. Begleiten Sie sprachlich, auf welche Körperteile der Sand gerade rieselt. Fragen Sie nach, wie es sich anfühlt und was dem Kind angenehm oder eher unangenehm ist.
- Nach einer Weile werden die Rollen getauscht.
- Achten Sie darauf, dass die Kinder nicht den Kopf mit Sand berieseln.

Variante:

Die Kinder graben Beine, Füße, Arme oder Hände des Partners im Sand ein.

Taktile Wahrnehmung

Schwammkiste

Schwämme laden die Kinder auf ganz einfache Art und Weise zum Experimentieren ein. So lernen die Kinder beispielsweise durch Fühlen und Tasten verschiedene Materialeigenschaften wie weich, rau, kratzig und glatt kennen.

So geht's:
- Befüllen Sie die Plastikkiste mit den unterschiedlichen Schwämmen.
- Stellen Sie den Kindern die Kiste im Freispiel zum Erkunden und Entdecken zur freien Verfügung.
- Schwämme lassen sich drücken, stapeln, werfen, schneiden etc. Die Kinder können auch sich selbst und andere damit massieren.
- Benennen Sie die unterschiedlichen Materialeigenschaften immer wieder, damit sich die Kinder unbekannte Adjektive einprägen.

Varianten:
- Befüllen Sie ein ganzes Planschbecken mit Schaumstoffschnipseln oder weichen Küchenschwämmen. Die Kinder können hier wie in einem „Bällebad" mit dem ganzen Körper eintauchen.
- Befüllen Sie einen Bettbezug mit Schaumstoffschnipseln oder weichen Küchenschwämmen. Die Kinder legen sich gerne auf dieses besondere Kissen und lassen sich darauf durch den Raum ziehen. Hierbei wird neben dem taktilen auch das vestibuläre System stimuliert.
- Gestalten sie ein Fühlmemory, indem Sie zehn Schwämme – jeweils zwei gleiche – in einen großen Beutel stecken. Die Kinder sollen durch Ertasten die Paare herausfinden.
- Legen Sie unterschiedliche Bürsten, z. B. Spül-, Flaschen-, Nagel-, Haar- und Massagebürsten, in eine Kiste und stellen Sie diese im Freispiel zur Verfügung. Ähnlich wie die Schwämme fordern die Bürsten die Kinder zum Erkunden und Erforschen auf.

Thema:
Fühlen

Bildungsbereich:
Bewegung

Kompetenzbereiche:
taktile Wahrnehmung und Experimentierfreude entwickeln, Materialien kennenlernen, Wortschatz erweitern

Alter:
ab 12 Monate

Anzahl:
Klein- oder Gesamtgruppe

Material:
eine große, durchsichtige Plastikkiste, Schwämme in verschiedenen Farben, Größen und Ausführungen, z. B. Spül-, Natur-, Bade- und Kosmetikschwämme

Taktile Wahrnehmung

Thema:
Wahrnehmen mit dem ganzen Körper

Bildungsbereich:
Körper und Gesundheit

Kompetenzbereiche:
Körperwahrnehmung und taktile Wahrnehmung entwickeln

Alter:
ab 12 Monate

Anzahl:
1 Kind oder Kleingruppe

Material:
Planschbecken, Handtücher, Schüsseln, 5 Pakete Speisestärke, 3 Liter kaltes Wasser

Achtung!
Sprechen Sie im Vorfeld mit den Eltern über mögliche Allergien oder Hautunverträglichkeiten der Kinder!

Starke Stärke

Die Kinder nehmen ihre Umwelt durch Berührungen über die Haut wahr. Abhängig von den Materialien erlebt das Kind unterschiedliche taktile Reize und lernt so seinen Körper besser kennen.

Vorbereitung:

Temperieren Sie einen Raum auf mindestens 25 °C. Stellen Sie ein Planschbecken auf, in dem die verschiedenen Aktionen in einem geschützten Rahmen stattfinden können. Das Planschbecken lässt sich anschließend einfach wieder säubern. Halten Sie die Handtücher bereit.

So geht's:

- Geben Sie die Speisestärke in eine Schüssel. Gießen Sie unter Rühren so viel Wasser dazu, bis eine zähe Flüssigkeit entsteht.
- Diese Flüssigkeit hat besondere Eigenschaften: Man kann Gegenstände hineinfallen lassen oder daraufschlagen, ohne dass es spritzt. Drückt man mit dem Finger kräftig auf die Masse, ist sie hart und fest. Steckt man den Finger jedoch sehr langsam hinein, fühlt sie sich zähflüssig an. Schafft man es, aus der Masse ein Stück herauszulösen, kann man es formen und kneten wie Teig. Wenn man jedoch aufhört, die Masse zu bewegen, rinnt sie einem durch die Finger.
- Setzen Sie die Kinder nur mit einer Windel bekleidet in das Planschbecken und geben Sie jedem Kind eine Schüssel mit der Stärkeflüssigkeit. Lassen Sie die Kinder nach Lust und Laune damit experimentieren. Sollte dabei etwas im Mund landen, ist dies ungefährlich.
- Duschen Sie die Kinder danach einfach ab. Stärke ist wasserlöslich.

Varianten:

- Ein ganz besonderes taktiles Erlebnis bietet das Bemalen, Eincremen und Einseifen des Körpers. Stellen Sie den Kindern im Planschbecken bunte Malseifen zur Verfügung (erhältlich im Drogeriehandel). Damit können die Kinder ihren Körper einseifen und dabei farbige Spuren hinterlassen.
- Ein weiteres sinnliches Erlebnis im Planschbecken bietet das Bemalen von Armen, Beinen, Händen, Füßen, Bauch und Rücken mit Fingerfarben. Achten Sie darauf, dass der Kopf dabei ausgespart bleibt.

Taktile Wahrnehmung

Die Wühlkiste

Kinder erobern sich einen großen Teil ihrer Umwelt durch Tasten und Fühlen. Bei diesem Angebot dürfen die Kinder einem grundlegenden Spielbedürfnis nachgehen: dem Suchen und Finden von Gegenständen.

So geht's:

- Füllen Sie einen großen Karton mit Verpackungschips oder mit Papierschnipseln und verstecken Sie darin ein Spielzeug.
- Singen Sie gemeinsam das folgende Lied.
- Lassen Sie dabei jeweils ein Kind in dem Karton wühlen und das Spielzeug finden.

Text: Anja Cantzler
Melodie: Taler, Taler, du musst wandern

Mit den Hän-den kannst du füh-len
und in die-ser Kis-te wüh-len.
Füh-le, füh-le im-mer zu.
Sa-ge mir, was fin-dest du?

Tipps:

- Je älter die Kinder sind, desto kleiner sollten die Spielzeuge sein, damit erhöht sich der Reiz des Suchens.
- Es können auch mehrere Spielzeuge gleichzeitig versteckt werden.

Variante:

Alternativ können Sie die Wühlaktion als Schatzsuche im Sandkasten gestalten. Geben Sie dafür trockenen Spielsand in eine Kiste. Verstecken Sie verschiedene Gegenstände, z. B. Muscheln, Kiefernzapfen, Kastanien, kleine Figuren, große Murmeln oder Holzkugeln und Bonbons. Dann ertasten die Kinder nacheinander die Gegenstände im Sand. Wenn ein Kind etwas gefunden hat, wird das Gefundene allen gezeigt, gemeinsam benannt und wieder im Sand versteckt. Alternativ können die Dinge neben die Kiste gelegt werden. Das Spiel ist in diesem Fall vorbei, wenn alles gefunden und benannt wurde.

Taktile Wahrnehmung

Thema:
Fühlen

Bildungsbereich:
Bewegung

Kompetenzbereiche:
taktile Wahrnehmung entwickeln, gleiche Dinge einander zuordnen, Gleichgewichtserfahrungen machen

Alter:
ab 6 Monate

Anzahl:
Klein- oder Gesamtgruppe

Material:
Stoffquadrate (ca. 20 cm x 20 cm), unterschiedliche Materialien zum Befüllen der Kissen, z.B. Kirschkerne, Knöpfe, Stroh, Korken, Papierschnipsel, Kastanien, Kiefernzapfen, Knöpfe, Stoffreste, Watte, Schaumstoff

Knubbelkissen

Das Tasten und Greifen verschiedener Materialien und Gegenstände trägt bei kleinen Kindern elementar zur Begriffsbildung bei, wenn das Tasterlebnis von Ihnen sprachlich begleitet wird. So können Sie mit diesem Angebot im Freispiel die Sprachentwicklung anregen und unterstützen.

Vorbereitung:

Nähen Sie aus je zwei Stoffquadraten Kissen und füllen Sie diese vor dem Zunähen mit verschiedenen Materialien.

So geht's:

- Bieten Sie den Kindern die Kissen zum Tasten und Erfühlen in einem frei zugänglichen Korb im Freispiel an.
- Wenn Sie von jedem Kissen jeweils zwei Exemplare anfertigen, können Sie mit den Kindern Tastmemory spielen. Hierbei gilt es, jeweils die Kissen mit der gleichen Füllung zu ertasten und zuzuordnen.
- Fragen Sie die Kinder, wie sich die Kissen anfühlen, und helfen Sie ihnen ggf. dabei, ihre Eindrücke zu beschreiben.

Tipp:

Stellen Sie die Knubbelkissen im Rahmen eines Elternabends zusammen mit den Eltern her. Dies kann zum Anlass genommen werden, mit den Eltern über die Bedeutung von Sinneserfahrungen zu sprechen und Ihnen die Einsatzmöglichkeiten der Kissen vorzustellen.

Varianten:

- Legen Sie die Kissen dicht aneinander auf den Boden, sodass sie ein großes Viereck bilden, und legen Sie ein großes Tuch darüber. Die Kinder können sich nun nacheinander darauflegen und die verschiedenen Kissen mit dem ganzen Körper spüren. Fordern Sie die Kinder auf, sich vorsichtig hin und her zu rollen. Dies intensiviert die ganzheitliche Körperwahrnehmung.
- Legen Sie eine Straße mit den Kissen quer durch den Raum. Die Kinder können barfuß darübergehen oder darüberkrabbeln. Achten Sie zur Vermeidung von Unfällen darauf, dass die Kissen auf einem rutschfesten Untergrund liegen.

Taktile Wahrnehmung

Fühlstraße

Die Füße spielen in der kindlichen Entwicklung eine zentrale Rolle. Bis sich ein Kind das erste Mal auf die eigenen Füße stellt und zu laufen beginnt, finden zahlreiche Entwicklungsprozesse statt. Genau wie an den Handflächen und Fingern befinden sich auch an den Fußsohlen und Zehen besonders viele Rezeptoren, die ab dem Zeitpunkt des Laufenlernens verstärkt stimuliert werden. Bieten Sie den Kindern möglichst viele Wahrnehmungsreize für die sensiblen Fußsohlen.

So geht's:

- Legen Sie in einem Raum einen Weg aus unterschiedlichen Materialien.
- Die Kinder gehen barfuß über die Fühlstraße und erfahren, wie sich die verschiedenen Materialien anfühlen.
- Wenn das Kind es möchte, können Sie ihm die Augen verbinden und es über die Fühlstraße führen.
- Unterstützen Sie die Kinder ggf. dabei, ihre Eindrücke zu artikulieren und die Eigenschaften der verschiedenen Materialien zu beschreiben.

Tipp:

Legen Sie aus unterschiedlichen Naturmaterialien einen Weg im Freien. Verwenden Sie z. B. Sand, Kies, Steine, Stöckchen, Rinde, Heu, Moos, Blätter, Eicheln und Kastanien.

Thema:
Fühlen

Bildungsbereich:
Bewegung

Kompetenzbereiche:
taktile Wahrnehmung entwickeln, Materialien kennenlernen

Alter:
ab 18 Monate

Anzahl:
Klein- oder Gesamtgruppe

Material:
Fußmatten aus Gummi, Filz oder Bast, Teppichfliesen aus Hochflor, Filz oder Kunstrasen, Wolldecken, Kissen, Luftmatratzen, Gymnastikmatten, Naturmaterialien in flachen Wannen oder Tabletts, z. B. Stöckchen, Sand, Bohrer, Kastanien oder Watte

Taktile Wahrnehmung

Thema:
Tasten

Bildungsbereich:
Kunst und Kultur

Kompetenzbereiche:
taktile und visuelle Wahrnehmung entwickeln, Gestaltungstechnik kennenlernen, Feinmotorik verfeinern

Alter:
ab 18 Monate

Anzahl:
Kleingruppe

Material:
Sperrholzplatte (ca. 100 cm x 50 cm und ca. 3 mm dick), Plakafarben, Pinsel, Bastelkleber, Augenbinden, Bastelmaterialen, z. B. Alufolie, Federn, Styroporflocken, Pfeifenputzer, Wellpappe, Filz

Tastwand

Die unterschiedlichen Gegenstände an der Tastwand laden die Kinder zum Fühlen, Greifen, Tasten und Spüren ein. Zudem kann die Tastwand als Kunstwerk bestaunt werden.

So geht's:

- Bemalen Sie gemeinsam mit den Kindern die Sperrholzplatte mit verschiedenen Plakafarben.
- Die Kinder bekleben die Platte nach dem Trocknen mit unterschiedlichen Materialien.
- Hängen Sie die Platte so an die Wand, dass die Kinder die Gegenstände gut befühlen können.
- Wer sich traut, bekommt eine Augenbinde, um das Tasterlebnis zu intensivieren.

Tipp:

Gestalten Sie eine Tastwand zu einem bestimmten Thema, z. B. „Im Meer" oder „Über den Wolken".

Varianten:

- Anstelle des Bastelklebers kann auch mit Modellier- oder Strukturputz gearbeitet werden. Tragen Sie hierfür eine ca. 1 cm dicke Schicht mit dem Spachtel auf die Sperrholzplatte auf und drücken Sie dann verschiedene Gegenstände hinein, z. B. Wäscheklammern, Kronkorken, Muscheln, Glassteine, Steine, Stöckchen, Kastanien und Eicheln.
- Stellen Sie einen Tastkarton her, indem sie in die beiden Schmalseiten eines Schuhkartons jeweils ein Loch schneiden und mehrere Gegenstände hineinlegen, die doppelt vorhanden sein sollten. Jeweils ein Gegenstand verbleibt bei Ihnen. Ein Kind steckt nun links und rechts eine Hand in den Karton. Zeigen Sie dem Kind einen Gegenstand und das Kind versucht, durch Tasten das Gegenstück im Karton zu erfühlen.

Visuelle Wahrnehmung

Die Augen – Sehen

Etwa im achten Schwangerschaftsmonat entwickelt sich der Sehsinn, sodass ein Kind bereits im Mutterleib hell und dunkel unterscheiden kann. Neugeborene können zunächst nur auf eine Entfernung von etwa 20 Zentimetern scharf sehen – dem Abstand vom Kopf zur mütterlichen Brust. Innerhalb der ersten Lebensmonate steigert sich die Sehschärfe und es entwickelt sich die Fähigkeit, die Augen auf unterschiedliche Entfernungen einzustellen (Akkomodation). Ab einem Alter von etwa vier Monaten ist die Wahrnehmung und Unterscheidung von Farben möglich. Nach und nach entwickelt sich auch das beidäugige Sehen, sodass allmählich räumliches Sehen möglich ist. Aber erst im Alter von etwa zwei Jahren kann ein Kind die Tiefe eines Raumes wahrnehmen und verstehen, dass ein Gegenstand seine Größe beibehält, auch wenn er weiter weg ist und deshalb kleiner erscheint.

Die visuelle Wahrnehmungsfähigkeit ermöglicht …
- das Unterscheiden der Formen und Oberflächen von Gegenständen und Materialien.
- die Figur-Grund-Wahrnehmung, also das Erkennen der wichtigsten Eigenschaften; Unwichtiges tritt in den Hintergrund.
- Wahrnehmungskonstanz: Ein Gegenstand wird immer als der Gleiche erkannt, auch wenn sich Größe, Lage oder Farbe unterscheiden.
- die Wahrnehmung der Raumlage, z. B. oben – unten, links – rechts, vorne – hinten.
- die Wahrnehmung räumlicher Beziehungen von Gegenständen.
- das Erkennen von Bewegungen und Bewegungsrichtungen.
- die zielgerichtete Ausführung von Bewegungen (Auge-Hand-Koordination).

Um im Krippenalltag den Sehsinn diesen Fähigkeiten entsprechend anzuregen und zu fördern, spielt die Raumgestaltung eine entscheidende Rolle. Begeben Sie sich einmal auf Augenhöhe eines liegenden oder krabbelnden Kleinkindes und achten Sie darauf, was es im Blickfeld dieses Kindes zu sehen und zu erleben gibt. Was entdeckt ein Kind, das sich in den Stand hochziehen kann, und wie ist die Perspektive eines zweijährigen Kindes?

Beachten Sie bei der Einrichtung und Gestaltung des Gruppenraums folgende Hinweise:
- Die Spielmaterialien sollten für die Kinder frei zugänglich und gut erreichbar sein. Der Aufforderungscharakter der Materialien erhöht sich darüber hinaus enorm, wenn sie in transparenten Boxen und/oder offenen Regalen aufbewahrt werden.
- Möbel und sonstige Ausstattungsgegenstände des Raumes sollten durch verschiedene Oberflächen bereits unterschiedliche Sinneseindrücke ermöglichen, z. B. eine weiche, kuschelige Couch, ein glatter Holztisch, die transparenten Aufbewahrungskisten aus Kunststoff.
- Achten Sie bei Gardinen und Polstermöbeln auf Einfarbigkeit bzw. einfache Muster. Viele Muster überfordern kleine Kinder. Bunt und lebendig wird der Raum durch einzelne Gestaltungselemente und durch die Kinder selbst.
- Auch bei Dekorationen, die an der Zimmerdecke hängen, sollten Sie die kindliche Perspektive beachten, da aus deren Sicht sonst oft nur Kanten und Silhouetten zu erkennen sind.
- Versuchen Sie, das richtige Maß zu finden: Sinnvoll ist weder ein Zuviel noch ein Zuwenig an Raumgestaltung.

Diese Hinweise können auch für Eltern bei der Einrichtung des Kinderzimmers hilfreich sein. Auf diese Weise fördert ein Raum einerseits gezielt die Sinneswahrnehmung, beugt aber gleichzeitig einer Reizüberflutung vor.

Im Folgenden finden Sie Ideen, Anregungen und Spiele zur Förderung der visuellen Wahrnehmung im pädagogischen Alltag.

Visuelle Wahrnehmung

Kleine Sprüche zu den Augen

Kleine, regelmäßig wiederholte Sprüche rund um die Augen machen den Kindern die Beschaffenheit und die Leistungsfähigkeit dieses Sinnesorgans bewusst. Achten Sie, wenn die Kinder die Bewegungen selbst durchführen, darauf, dass sie nicht aus Versehen mit den Fingerspitzen in die Augen gelangen.

Die Farben der Augen

Dieses Spiel kann bereits mit Kindern ab sechs Monaten auf dem Wickeltisch gespielt werden. Das Kind erfährt dabei, dass seine Augen eine Farbe haben. Neben der Sprachbildung wird durch den engen Kontakt von Erzieherin und Kind der Bindungsaufbau unterstützt.

So geht's:

- Das Kind liegt auf dem Wickeltisch oder sitzt mit Blickkontakt bei Ihnen auf dem Schoß.
- Sie sprechen den Text, begleiten ihn mit den entsprechenden Gesten und setzen die jeweilige Augenfarbe des Kindes ein.

Meine Augen,	*mit beiden Zeigefingern auf die eigenen Augen zeigen*
deine Augen, viele Farben gibt es da.	*mit beiden Zeigefingern auf die Augen des Kindes zeigen*
Wenn ich in die Augen schaue, *(braun)* sind deine Augen – ja!	*dem Kind in die Augen schauen*

Guten Morgen, liebe Augen!

Dieses Spiel eignet sich als Begrüßungs- und Aufwärmspiel. Es kann mit Kindern ab 18 Monaten zu Beginn des Morgen- oder Spielkreises durchgeführt werden und trägt zur bewussten Wahrnehmung der Augen bei.

So geht's:

- Die Kinder sitzen oder stehen im Kreis.
- Sie sprechen gemeinsam den Text und begleiten diesen mit den im Text genannten Bewegungen.

Guten Morgen, liebe Augen! Seid ihr denn schon wach?	*mit den Zeigefingern auf beide Augen zeigen*
Ich reibe euch ganz vorsichtig, und sag euch: „Guten Tag!"	*vorsichtig die Augen reiben*

Variante:

Anstelle der Augen können auch andere Sinnesorgane oder Körperteile in den Vers eingesetzt werden.

Visuelle Wahrnehmung

Bunte Schau-hin-Kette

Selbst gefertigte Mobiles mit verschiedenartigen Gegenständen und Materialien laden zum Tasten und Fühlen ein und trainieren das zielgerichtete Greifen. Gegenstände, die Geräusche erzeugen, unterstützen zusätzlich die akustische Wahrnehmung.

Vorbereitung:

Spannen Sie zwischen zwei Stühle, die einen Meter auseinander stehen, ein Seil. An diesem Seil werden mithilfe von Bändern und Wäscheklammern verschiedene Alltagsgegenstände befestigt. Achten Sie auf eine stabile Konstruktion und darauf, dass die befestigten Materialien nicht zu schwer sind, falls das Kind sehr stark daran zieht.

So geht's:

- Das Kind liegt auf einer bequemen Unterlage auf dem Rücken.
- Die Schau-hin-Kette wird so oberhalb des Kindes angebracht, dass es die Gegenstände mit seinen Händen berühren, sie ertasten und greifen kann.
- Um das Kind nicht zu überfordern, empfiehlt es sich, maximal fünf Gegenstände anzubieten, die, dem Interesse des Kindes entsprechend, regelmäßig ausgetauscht werden.

Variante:

An einen Drahtring werden in unregelmäßigen Abständen bunte Satinbänder geknotet, sodass beide Seiten der herunterhängenden Bänder gleich lang sind. Zu einem späteren Zeitpunkt können einzelne Satinbänder durch weitere Farben ersetzt oder ergänzt werden. Je nach Interesse des Kindes können an einigen Bändern zusätzlich kleine Gegenstände wie z. B. Glöckchen befestigt werden.

Thema:
Sehen, greifen und fühlen

Bildungsbereich:
Bewegung

Kompetenzbereiche:
taktile und visuelle Wahrnehmung sowie Experimentierfreude entwickeln, Auge-Hand-Koordination und Feinmotorik verfeinern, Materialien kennenlernen

Anzahl:
1 Kind

Alter:
ab 6 Monaten

Material:
2 Stühle, Seil, farbige Satinbänder, Wäscheklammern, verschiedene Gegenstände, z. B. Waschlappen, Löffel, Schwamm, Rassel, Glöckchen, Chiffontuch, Bürste, kleiner Handspiegel

Visuelle Wahrnehmung

Mit den Augen

Dieses Spiel kann mit Kindern ab 18 Monaten im Spielkreis durchgeführt werden. Das Verknüpfen von Sprache mit Bewegung unterstützt die Sprachbildung und führt die Bedeutung erster Adverbien ein.

So geht's:

- Die Kinder stehen im Kreis.
- Singen Sie gemeinsam mit den Kindern das Lied und setzen Sie dabei die im Text genannten Bewegungen um.

Text: Anja Cantzler
Melodie: Brüderchen, komm tanz mit mir

Mit den Augen kannst du seh'n,	*mit den Zeigefingern auf beide Augen zeigen*
wohin deine Füße geh'n.	*mit den Füßen im Takt gehen*
Schau mal hin, schau mal her,	*die Füße beim Gehen anschauen*
oben, unten ist nicht schwer.	*abwechselnd nach oben und unten schauen*

Tipp:

Die Adverbien oben und unten können durch andere ersetzt werden, z. B. durch links und rechts oder vorne und hinten.

Variante:

Ein weiterer Spruch zu den Aufgaben der Augen, den die Kinder mit Bewegungen begleiten können:

„Die Augen sind zum Sehen da!", sagt zu mir meine Mama.	*mit den Zeigefingern auf beide Augen zeigen*
Munter rundrum schauen, will ich mich jetzt trauen.	*hin und her schauen*
Mit offnen Augen unterwegs durch die Welt geh'n stets.	*Augen ganz weit öffnen*
So wahr spricht meine Mama: „Die Augen sind zum Sehen da!"	*mit den Zeigefingern auf beide Augen zeigen*

Visuelle Wahrnehmung

Das Guckrohr

Dieses einfache Material hilft den Kindern spielerisch, sich auf einen bestimmten sichtbaren Punkt zu fokussieren und zu konzentrieren. Durch das eingeschränkte Sichtfeld nehmen die Kinder ihre Umgebung anders wahr und können einzelne Dinge genauer erkunden.

So geht's:

- Malen Sie gemeinsam mit den Kindern Papprollen in verschiedenen Längen an oder bekleben Sie diese mit Geschenkpapierresten.
- Jedes Kind bekommt ein Guckrohr und geht damit auf Entdeckungsreise.

Varianten:

- Sie können auch zwei Papprollen nebeneinander mit Klebeband befestigen, sodass ein Fernglas entsteht, durch das man mit beiden Augen schauen kann.
- Animieren Sie die Kinder, sich die Guckrohre an den Mund zu halten und damit verschiedene Töne und Geräusche zu erzeugen (siehe Angebot „Knisterkonzert", S. 39).

Thema:
Gestalten / Beobachter

Bildungsbereich:
Naturwissenschaft und Technik

Kompetenzbereiche:
visuelle Wahrnehmung und Experimentierfreude entwickeln, Neugierde wecken

Alter:
ab 12 Monaten

Anzahl:
Kleingruppe

Material:
Papprollen in verschiedenen Längen (von Toiletten- oder Küchenpapier), Geschenkpapierreste, Kleister, Pinsel, Wasserfarben oder Wachsmalstifte in verschiedenen Farben

Visuelle Wahrnehmung

Thema:
Beobachten

Bildungsbereich:
Naturwissenschaft und Technik

Kompetenzbereiche:
Experimentierfreude entwickeln, physikalische Eigenschaften entdecken, Feinmotorik verfeinern

Alter:
ab 18 Monate

Anzahl:
Kleingruppe

Material:
0,5-Liter-PET-Flaschen, Sand (evtl. Vogelsand), Wasser, Sekundenkleber

Schüttelflaschen

Schneekugeln und Schüttelgläser üben eine große Faszination auf Kinder aus. Beobachten Sie mit den Kindern, wie die verschiedenen Schwebstoffe nach dem Schütteln langsam wieder auf den Boden sinken. Mit wenig Aufwand lassen sich Schüttelflaschen selbst herstellen.

Vorbereitung:

Die transparenten PET-Flaschen werden zu einem Viertel mit Vogelsand und zu drei Vierteln mit Wasser gefüllt. Anschließend wird der Deckel der Flasche sorgfältig mit Sekundenkleber eingestrichen und die Flasche luftdicht und sicher verschlossen.

So geht's:

Die Kinder schütteln die Flaschen und beobachten, wie lange der Sand braucht, um sich wieder am Boden der Flasche abzusetzen.

Tipps:

- Sie können zu dem Sand kleine Figuren oder Murmeln in die Flasche geben. Beim Schütteln verschwinden die Gegenstände immer wieder im Sand und tauchen dann wieder auf.
- Geben Sie anstelle des Sandes einen Teelöffel Glitzer und etwas Lebensmittelfarbe oder farbiges Krepppapier in die mit Wasser gefüllte Flasche.

Variante:

Verwenden Sie statt der Plastikflasche ein gut verschließbares Schraubglas (z. B. von Marmelade). Dann können Sie auf die Unterseite des Deckels eine kleine Plastikfigur kleben, bevor Sie das mit Sand bzw. Glitzer und Wasser gefüllte Glas verschließen. Wenn Sie das Schüttelglas umdrehen, fällt der Sand oder Glitzer auf die Figur herab.

Visuelle Wahrnehmung

Farbenschüttelglas

Bei diesem Angebot begegnen die Kinder den Grundfarben Rot, Gelb und Blau. Farbenschüttelgläser bieten den Kindern die Möglichkeit, erste Experimente mit dem Mischen von Farben zu machen.

Vorbereitung:

Füllen Sie zunächst drei Schraubgläser zur Hälfte mit Wasser. Färben Sie nun das Wasser in jedem Glas mit Wasserfarbe in einer anderen Grundfarbe.
Anschließend wird in jeder der drei Glasschüsseln ein erbsengroßer Klecks Ölfarbe in einer anderen Grundfarbe mit Terpentin angerührt. Füllen Sie diese Flüssigkeiten wie folgt in die Schraubgläser: Rot zu Gelb, Gelb zu Blau, Blau zu Rot. Gießen Sie die Farben anschließend mit Terpentin auf, sodass die Schraubgläser fast voll sind.
Dann werden die Gewinde der Deckel mit Heißkleber eingestrichen und fest auf die Gläser geschraubt. Da die Glasgefäße zu Bruch gehen können, umwickeln Sie die Gläser vorsichtshalber mit selbstklebender, durchsichtiger Folie.

So geht's:

- Die Kinder schütteln die Gläser unter Aufsicht.
- Sie beobachten, wie sich die Farben mischen und neue Farben entstehen: Aus Rot und Gelb entsteht Orange, aus Gelb und Blau Grün und aus Blau und Rot Violett.
- Wenn man die Gläser einige Zeit in Ruhe stehen lässt, trennen sich die Flüssigkeiten wieder voneinander und es entstehen die beiden Ausgangsfarben.

Thema:
Farben mischen

Bildungsbereiche:
Kunst und Kultur, Naturwissenschaft und Technik

Kompetenzbereiche:
Farben erleben, Experimentierfreude entwickeln

Anzahl:
1 Kind oder Kleingruppe

Alter:
ab 30 Monate

Material:
3 Schraubgläser (PET-Flaschen sind wegen der Verwendung von Terpentin ungeeignet), 3 Glasschüsseln, Terpentin, Wasser- und Ölfarben in Zitronengelb, Karminrot, Marineblau, Heißkleber, selbstklebende, durchsichtige Folie

Visuelle Wahrnehmung

Thema:
Farben mischen

Bildungsbereich:
Kunst und Kultur

Kompetenzbereiche:
Gestaltungstechnik und Mischfarben kennenlernen, Kreativität entfalten, taktile und visuelle Wahrnehmung sowie Experimentierfreude entwickeln, Feinmotorik und Auge-Hand-Koordination verfeinern

Alter:
ab 18 Monate

Anzahl:
Kleingruppe

Material:
Fingerfarben in Rot, Gelb und Blau, Klebeband, selbstklebende Hologrammfolie

Material pro Kind:
glatte Prospekthülle

Zauberbilder

Aus den Grundfarben entstehen in den Prospekthüllen verschiedene Farbmischungen und Farbmuster. Die Zauberbilder eignen sich besonders für solche Kinder, die aufgrund allergischer Hautreaktionen nicht direkt mit Farbe in Kontakt kommen dürfen.

So geht's:

- Jedes Kind sucht sich zwei Farben aus, von denen jeweils ein dicker Klecks in die Prospekthülle gefüllt wird.
- Kleben Sie die offene Seite der Prospekthülle mit Klebeband so dicht zu, dass die Farbe nicht mehr austreten kann.
- Die Kinder streichen nun mit beiden Händen über ihre Folie. Dabei wird die Farbe verteilt und gemischt, wodurch verschiedene Muster entstehen.

Tipps:

- Stellen Sie den Kindern auch in den nächsten Tagen die Bilder zur Verfügung und lassen Sie sie die Muster immer wieder verändern.
- Befestigen Sie die Prospekthüllen mit Klebeband an einer Fensterscheibe oder einer senkrechten Glasscheibe. Durch das durchscheinende Licht entstehen weitere interessante Farbspiele. Wenn die Hüllen auf Augenhöhe der Kinder hängen, können sie auch dort die Farben und Muster noch verändern.

Variante:

Bekleben Sie den äußeren Rand des Bildes mit Streifen aus Hologrammfolie, sodass das Bild gerahmt aussieht. So können die Bilder ausgestellt werden.

Visuelle Wahrnehmung

Lustige Drehereien

Kleine Kinder haben viel Freude am Umgang mit unterschiedlichen Kreiseln. Die rotierende Bewegung übt eine hohe Anziehungskraft aus und lädt zur ausgiebigen Beobachtung ein.

Vorbereitung:

Ein drehbarer, runder Holzteller wird zunächst mit einer Farbe lackiert. Anschließend wird von innen nach außen eine Spirale in einer anderen Farbe aufgemalt.

So geht's:

- Stellen Sie den Kindern im Freispiel einen offenen Korb mit einer Vielzahl leichtgängiger Kreisel in verschiedenen Farben und Formen zur Verfügung. Leisten Sie den Kindern ggf. Hilfestellung beim In-Gang-Setzen der Kreisel.
- Nachdem sich die Kinder eine Weile mit den Kreiseln beschäftigt haben, stellen Sie den bemalten Holzteller auf den Boden und animieren Sie die Kinder, den Teller zu drehen.
- Bieten Sie nun unterschiedliche Materialien und Spielsachen an, die auf dem Teller mitgedreht werden können. Die Kinder beobachten dabei, dass sich die Gegenstände unterschiedlich verhalten, sobald sie gedreht werden.

Tipp:

Aus einem Pappkartonkreis, durch den in der Mitte ein Zahnstocher gesteckt wird, können die Kinder selbst Kreisel herstellen. Diese können nach Belieben farbig gestaltet werden.

Thema:
Drehbewegungen

Bildungsbereich:
Naturwissenschaft und Technik

Kompetenzbereiche:
Experimentierfreude entwickeln, Auge-Hand-Koordination und Feinmotorik verfeinern, Kreis- und Drehbewegungen kennenlernen

Alter:
ab 12 Monate

Anzahl:
Kleingruppe

Material:
Kreisel in unterschiedlichen Größen, Farben und Formen, drehbarer, runder Holzteller (Küchenbedarf, z. B. aus dem Möbelhaus), 2 Holzlacke in verschiedenen Farben, Pinsel, Spielsachen und Materialien zum Drehen auf dem Holzteller, z. B. Stofftiere, Murmeln, Tischtennisbälle

Visuelle Wahrnehmung

Thema:
Farben unterscheiden

Bildungsbereich:
mathematische Grunderfahrungen

Kompetenzbereiche:
gleiche Dinge und Farben einander zuordnen, Mengen erkennen

Alter:
ab 18 Monate

Anzahl:
1 Kind

Material:
Tablett, rechteckige Materialschalen aus Kunststoff in Rot, Gelb, Blau und Grün, mehrere Stoffbeutel, Materialien zum Sortieren, z. B. Wäscheklammern, Plastik-Eislöffel, Satinbänder, Murmeln oder kleine Bälle

Nach Farben sortieren

Sortieren und Zuordnen sind zentrale Spielthemen jüngerer Kinder. Als Alternative zu vielen didaktisch aufbereiteten Spielen werden hier Materialien vorgestellt, die jederzeit im Haushalt verfügbar sind und leicht selbst zusammengestellt werden können.

Vorbereitung:

Stellen Sie Schalen in Rot, Gelb, Blau und Grün auf ein Tablett. Wählen Sie nun Materialien, die es in den genannten Farben gibt, z. B. Plastik-Eislöffel oder Wäscheklammern, und stecken Sie sie jeweils in Beutel. Achten Sie darauf, dass die Materialien nicht miteinander vermischt werden.

So geht's:

- Lassen Sie immer nur ein Kind sortieren, um Verwirrung zu vermeiden.
- Geben Sie einem Kind das Tablett mit den Schalen und einen Materialbeutel.
- Das Kind sortiert das Material aus dem Beutel in die farblich passenden Schalen.

Tipp:

Kennzeichnen Sie die Stoffbeutel zur Übersichtlichkeit mit einer Abbildung des Materials, das darin zu finden ist.

Varianten:

- Für Kinder ab etwa 24 Monaten können Sie anstelle der Farben auch verschiedene Grundformen aus Tonpapier (Kreis, Dreieck, Viereck) in mehrfacher Ausführung und unterschiedlichen Größen zum Sortieren nach Form oder Größe anbieten.
- Kinder ab 30 Monaten können nach Vorgabe bereits Mengen zusammenstellen. Beschriften Sie fünf Schalen mit den Zahlen von 1 bis 5 und versehen Sie diese zusätzlich mit einem passenden Mengenbild, z. B. bei der Zahl 4 vier Wäscheklammern. Die Kinder versuchen nun, in jede Schale so viele Wäscheklammern zu legen, wie auf dem Zahlen- und Mengenbild vorgegeben.

Visuelle Wahrnehmung

Bunte Kreise

Bei diesem Spielmaterial begegnen die Kinder im freien Experiment den Grundfarben Rot, Gelb und Blau. Es entstehen verschiedene Farbmischungen durch das Übereinanderlegen der Kreise.

Vorbereitung:

Bekleben Sie transparente Kunststoffkreise mit transparenter Klebefolie in den Grundfarben.

So geht's:

- Die verschiedenfarbigen Plastikkreise stehen den Kindern im Freispiel zur Verfügung.
- Die Kinder untersuchen die Kreise genauer. Wenn sie sich einen Kreis vor die Augen halten, sehen sie die Welt in der jeweiligen Farbe.
- Legen die Kinder zwei oder mehrere Kreise übereinander, ergeben sich interessante Farbmischungen.

Varianten:

- Um das erste Farberleben zu unterstützen, können auch drei Kreise mit einem Durchmesser von 30 bis 40 cm aus transparenter, selbsthaftender Fensterfolie ausgeschnitten und überschneidend ans Fenster geklebt werden. Selbsthaftende Folie lässt sich problemlos wieder vom Fenster entfernen.
- Steht Ihnen ein Overheadprojektor oder ein Lichtkasten zur Verfügung, können die Kinder mit den bunten Kunststoff-CDs ihre Entdeckungen unter Anleitung erweitern und verfestigen.

Thema:
Farben erleben

Bildungsbereiche:
Kunst und Kultur, Naturwissenschaft und Technik

Kompetenzbereiche:
Kreativität entfalten, visuelle Wahrnehmung und Experimentierfreude entwickeln, Mischfarben kennenlernen

Alter:
ab 12 Monate

Anzahl:
Kleingruppe

Material:
Kreise aus Kunststoff (gut geeignet sind transparente Kunststoff-CDs), transparente Klebefolie in den Farben Rot, Gelb und Blau

Visuelle Wahrnehmung

Thema:
Licht- und Schattenspiele/ Vergrößerungen

Bildungsbereiche:
Natur und Umwelt, Naturwissenschaft und Technik

Kompetenzbereiche:
Experimentierfreude und visuelle Wahrnehmung entwickeln, Licht und Schatten erleben, Neugierde wecken

Alter:
ab 24 Monate

Anzahl:
Kleingruppe

Material:
transparente Kiste mit Lupen in unterschiedlichen Größen und Brennweiten

Material pro Kind:
Taschenlampe

Achtung!
Sowohl Taschenlampen als auch Lupen bestehen teilweise aus Glas. Achten Sie darauf, dass die Kinder damit vorsichtig umgehen, damit sie nicht zerbrechen!

Besondere Seherlebnisse

Gegenstände wie Taschenlampen oder Lupen, die man nicht jeden Tag in die Hand bekommt, haben für Kinder einen hohen Aufforderungscharakter. Nutzen Sie dieses Interesse für spannende Experimente.

Taschenlampenspiele

In einem abgedunkelten Raum mit einer Taschenlampe zu spielen, Schatten zu erzeugen und Lichtspiegelungen zu erleben, bietet den Kindern einen ersten spielerischen Kontakt zu naturwissenschaftlichen Erkenntnissen.

So geht's:

- Geben Sie jedem Kind eine Taschenlampe.
- In einem abgedunkelten Raum können die Kinder nun mit ihren Taschenlampen frei experimentieren und die entstehenden Schatten bestaunen.
- Achten Sie darauf, nicht zu viele Kinder gleichzeitig mit den Taschenlampen spielen zu lassen.

Varianten:

- Geben Sie jedem Kind eine glitzernde Discokugel (im Weihnachtsbedarf erhältlich). Mit dieser Kugel kann es nun experimentieren und beobachten, wie sich das Licht der Taschenlampe bricht und kleine Lichtpunkte auf dem Boden, der Wand und der Decke erscheinen.
- Weitere Effekte lassen sich erzeugen, wenn Sie eine Taschenlampe mit Farbwechsel zur Verfügung stellen oder farbige Discokugeln verwenden.

Die Lupenkiste

Durch eine Lupe lassen sich Kleinigkeiten vergrößern und feine Strukturen sichtbar machen. Dies erweitert den Blick des Kindes auf seine Umwelt und die Natur.

So geht's:

- Stellen Sie eine transparente Kiste mit diversen Lupen in unterschiedlichen Größen und Ausführungen zur Verfügung.
- Die Kinder können mit den Lupen ihre direkte Umgebung erforschen und frei experimentieren.

Varianten:

- Beziehen Sie die Lupen in den Spielkreis mit ein, indem Sie verschiedene Naturmaterialien anbieten, die die Kinder damit untersuchen können.
- Nehmen Sie die Lupenkiste zu einem Spaziergang mit. In der freien Natur gibt es viel Interessantes zu entdecken und zu vergrößern.

Auditive Wahrnehmung

Die Ohren – Hören

Bereits im siebten Schwangerschaftsmonat ist der Hörsinn funktionsfähig, sodass das Kind sowohl die mütterliche Stimme, aber auch andere Klänge und Geräusche schon einige Zeit vor der Geburt wahrnehmen und darauf reagieren kann. Das Neugeborene erkennt bereits den Klang der Stimme seiner Mutter und zieht diesen anderen Stimmen vor, lange bevor es den Sinn des Gesprochenen versteht. Verschiedene Geräusche, Töne und Klänge werden zunächst nur wahrgenommen, allmählich wiedererkannt und mit der Zeit eingeordnet.

Die auditive Wahrnehmungsfähigkeit ermöglicht …
- die differenzierte Wahrnehmung von Geräuschen, Tönen und Klängen in ihrer Lautstärke und in ihrer Häufigkeit.
- das Erkennen akustischer Signale, ihre Herkunft und ihre Bedeutung.
- das Erkennen der Bewegung von Schallquellen.
- das Figur-Grund-Hören, also die Unterscheidung verschiedener Geräuschquellen.
- den Spracherwerb, da das allmähliche Verständnis der gesprochenen Sprache die Voraussetzung für das Imitieren des Gehörten mit den Sprechwerkzeugen ist und sich Kinder auf diese Weise Sprache aneignen.

In unserer alltäglichen Welt sind wir fast ständig von Geräuschen, Lärm, Klängen, Musik, Sprache und anderen Tönen umgeben, sodass wir sie oft nicht mehr bewusst wahrnehmen.

Regen Sie die Kinder daher im Gruppenalltag immer wieder an, ganz leise zu sein und auf Geräusche zu achten. Begleiten Sie sprachlich, was die Kinder hören, indem Sie z. B. sagen: „Das Auto brummt. Die Uhr tickt. Der Topf scheppert. Die Folie knistert." Auf diese Weise tragen Sie zur Begriffsbildung und Sprachförderung der Kinder bei.

Auch im Außengelände oder bei einem Spaziergang können die Kinder zahlreiche Hörerfahrungen sammeln. So klingt es z. B. jeweils ganz anders, wenn man über eine Wiese, einen Kiesweg oder über Steinplatten läuft. Machen Sie sich die vielfältigen alltäglichen Hörerlebnisse selbst bewusst, um anschließend die Kinder darauf aufmerksam machen zu können.

Die folgenden Spiele und Anregungen bieten darüber hinaus zahlreiche Möglichkeiten, die auditive Wahrnehmungsfähigkeit in Ihrem pädagogischen Alltag gezielt zu fördern.

Auditive Wahrnehmung

Meine Ohren

Durch dieses kleine Bewegungsspiel erfahren die Kinder, dass es die Aufgabe der Ohren ist, zu hören. Es ist mit Kindern ab 12 Monaten im Sitzkreis spielbar.

So geht's:

- Die Kinder sitzen im Kreis.
- Sprechen Sie den Text und begleiten Sie ihn mit den entsprechenden Gesten.
- Die Kinder ahmen die Bewegungen nach und sprechen allmählich mit.

Meine Ohren, meine Ohren hören den ganzen Tag.	*mit den Zeigefingern auf die Ohren zeigen*
Sie horchen und sie lauschen,	*beide Hände hinter die Ohren halten*
weil ich das gerne mag.	*auf sich selbst zeigen und lächeln*

Tipps:

- Mit einem kreativen Angebot können Sie die Kinder darauf aufmerksam machen, dass jeder Mensch Ohren hat und dass Ohren unterschiedlich aussehen. Sammeln Sie dafür gemeinsam mit den Kindern in Zeitschriften Bilder von menschlichen Ohren und erstellen Sie daraus eine Collage.
- Eine interessante Idee ist es auch, die Ohren der Kinder zu fotografieren. Wer kann später die Ohren den Kindern zuordnen? Mit je zwei Ausdrucken der Fotos können die Kinder ein „Ohrenmemory" herstellen.
- Analog zu den Ohren der Menschen sammeln die Kinder in Zeitschriften Bilder von Tierohren. Überlegen Sie gemeinsam, welche Tiere große und welche kleine Ohren haben. Welche Tiere haben spitze, welche runde Ohren? Gibt es auch Tiere, bei denen man die Ohren gar nicht sehen kann?

Variante:

Mit Kindern, die noch nicht am Sitzkreis teilnehmen können, kann das Spiel auch auf dem Wickeltisch gespielt werden. Zeigen Sie dabei auf die Ohren des Kindes und ändern Sie den Text folgendermaßen ab:

> Deine Ohren, deine Ohren
> hören den ganzen Tag.
> Sie horchen und sie lauschen,
> weil du das gerne magst.

Auditive Wahrnehmung

Mit den Ohren kann ich hören

Dieses Lied kann mit Kindern ab 18 Monaten im Spielkreis gesungen werden. Der Text verdeutlicht den Kindern das Hören als Aufgabe der Ohren.

So geht's:

- Die Kinder sitzen im Kreis.
- Singen Sie das Lied und setzen Sie gemeinsam mit den Kindern die im Text genannten Bewegungen um.

Text: Anja Cantzler
Melodie: Taler, Taler du musst wandern

1. Mit den Ohren kann ich hören.   *mit den Zeigefingern auf die Ohren zeigen*
   Niemand soll mich dabei stören.

   Hör mal hier, hör mal da,   *Hände hinter die Ohren halten und hin und her schauen*

   das ist lustig, trallala.   *im Rhythmus in die Hände klatschen*

2. Dabei hör ich viele Töne,   *mit den Zeigefingern auf die Ohren zeigen*
   hohe, tiefe und auch schöne.

   Hör sie laut, hör sie leis,   *bei „laut" laut singen, bei „leis" leise singen*

   das macht Spaß, wie jeder weiß.   *im Rhythmus in die Hände klatschen*

Auditive Wahrnehmung

Thema:
Massage

Bildungsbereiche:
Körper und Gesundheit, Bewegung

Kompetenzbereiche:
Entspannung erleben, Körperwahrnehmung entwickeln

Alter:
ab 4 Monate

Anzahl:
1 Kind

Material:
–

Ohrenmassage

Nach der chinesischen Lehre der Reflexzonen enden alle Energiebahnen des Körpers in den Extremitäten und im Ohr. Durch eine kleine Massage lässt sich das Wohlbefinden des Kindes unterstützen. Grundsätzlich wirken abwärts streichende Bewegungen entspannend, aufwärts streichende anregend. Werden beide Ohren gleichzeitig massiert, wird durch den taktilen Impuls zudem die Verbindung von rechter und linker Gehirnhälfte unterstützt.

So geht's:

- Das Kind sitzt mit Blickkontakt zu Ihnen auf Ihrem Schoß. Achten Sie darauf, dass es sicher sitzt und nicht nach hinten kippen kann.
- Umschließen Sie zunächst beide Ohren des Kindes vorsichtig mit Ihren Händen. Wenn das Kind nichts dagegen hat, berührt zu werden, fahren Sie fort.
- Sprechen Sie den folgenden Text zur Begleitung der Ohrenmassage.

Ti-Ta-Toren – ich reib dir wach die Ohren.	*mit den Händen sanft die Ohrmuschel umschließen*
Fange sanft von innen an,	*sanft das Innere der Ohrmuschel abtasten*
streiche sacht nach außen dann.	*dann von innen nach außen streichen, indem Sie mit Daumen und Zeigefinger die Muschelform entlangfahren*
Knete noch mit meiner Hand von oben nach unten den äußeren Rand.	*den äußeren Rand der Ohrmuschel sanft kneten und nach außen ziehen, dabei oben beginnen und beim Ohrläppchen enden*
Und der Finger, zum guten Schluss, gibt deinem Ohr 'nen dicken Kuss.	*mit dem Zeigefinger kurz auf das Ohrläppchen oder das obere Ende der Ohrmuschel tippen*
Ti-Ta-Toren – nun sind sie wach, die Ohren!	*nochmals mit beiden Händen sanft die Ohrmuschel umschließen*

Auditive Wahrnehmung

Bim-Bam-Besen

Dieses kleine selbsthergestellte Musikinstrument lädt Kinder zum Gucken, Lauschen und zum gezielten Greifen ein. Das Kind macht die Erfahrung, dass es Geräusche produziert, wenn es die Rassel schüttelt. Es wird sich so seiner Selbstwirksamkeit bewusst.

Vorbereitung:

Binden Sie an die einzelnen Streben eines kleinen Schneebesens fünf bis sieben Glöckchen mit dünner Schnur und ziehen Sie die Knoten gut fest.

So geht's:

- Wenn das Kind noch nicht selbst greifen kann, halten Sie den Bim-Bam-Besen vor das Kind und schütteln ihn.
- Durch mehrfache Wiederholung animieren Sie das Kind dazu, den Schneebesen selbst zu greifen und zu schütteln.
- Achten Sie darauf, dass das Kind den Schneebesen nicht plötzlich loslässt. Er könnte auf sein Gesicht fallen.

Tipp:

Es können unterschiedlich große Schneebesen mit großen und kleinen Glöckchen in einem Korb angeboten werden.

Varianten:

- Für Kinder ab 18 Monaten bereiten Sie mehrere Bim-Bam-Besen vor. Vergleichen Sie zunächst in einer Kleingruppe den unterschiedlichen Klang der Rasseln. Anschließend kann ein kleines Rasselkonzert gewagt werden.
- Anstelle der Glöckchen wird ein Tischtennisball durch die Streben des Schneebesens gedrückt, sodass sich der Ball im Inneren befindet und beim Schütteln rasselt.

Thema:
Klänge und Geräusche

Bildungsbereiche:
Bewegung, Musik

Kompetenzbereiche:
auditive Wahrnehmung entwickeln, Auge-Hand-Koordination und Feinmotorik verfeinern, Geräusche entdecken

Alter:
ab 4 Monate

Anzahl:
1 Kind

Material:
verschiedene Schneebesen, 5–7 Glöckchen pro Schneebesen in unterschiedlichen Größen, Nylonschnur

Auditive Wahrnehmung

Thema:
Lauschen

Bildungsbereich:
Musik

Kompetenzbereiche:
auditive Wahrnehmung entwickeln, Geräusche und Klänge entdecken

Alter:
ab 4 Monate

Anzahl:
1 Kind oder Kleingruppe

Material:
7–11 Bambusrohre (Ø ca. 6–8 cm, Länge ca. 20–45 cm), Holzbohrer, Paketschnur, Holzreifen (Ø 50–60 cm) oder Felge eines Kinderfahrrads

Bambus-Windspiel

Ein Windspiel ist schön anzusehen und erzeugt Töne, wenn es durch den Wind oder durch ein Kind in Bewegung gebracht wird.

Vorbereitung:

Sägen Sie sieben bis elf Bambusrohre auf unterschiedliche Längen zwischen 20 und 45 cm zu. Durchbohren Sie die Stäbe an jeweils einem Ende und ziehen Sie eine Paketschnur durch das Loch. Wenn Sie die Schnur verknotet haben, können Sie die Stäbe an einem Holzreifen befestigen. Der Reifen wird mit einer Aufhängung aus festem Band versehen und unter die Decke gehängt.

So geht's:

- Wenn der Wind die Rohre in Bewegung setzt und sie dadurch aneinanderstoßen, erklingen Töne.
- Die Kinder können das Windspiel auch vorsichtig selbst anstoßen und dadurch selbst Klänge erzeugen.

Tipp:

Ein Kind kann sich auch einfach zur Entspannung unter das Windspiel legen, die Bewegung der Rohre beobachten und den Geräuschen lauschen.

Variante:

Hängen Sie zwischen die einzelnen Rohre andere Gegenstände wie Besteck, Kochlöffel oder Rasseln und beobachten Sie mit den Kindern, wie sich der Klang des Windspiels dadurch verändert.

Auditive Wahrnehmung

Knisterkonzert

Kinder haben viel Freude daran, selbst Geräusche zu erzeugen, und bekommen bei dieser Aktivität Gelegenheit dazu. Das Lied lädt außerdem dazu ein, erste rhythmische und musikalische Erfahrungen zu sammeln.

So geht's:

- Die Kinder sitzen im Kreis.
- Jedes Kind erhält eine kleine Butterbrottüte. Nun können die Kinder frei experimentieren, welche Geräusche man mit der Tüte erzeugen kann.
- Singen Sie anschließend das folgende Lied und die Kinder knistern dazu mit den Tüten.

Text: Anja Cantzler
Melodie: Alle meine Entchen

Alle unsre Tüten
knistern immerzu,
knistern immerzu.
Das macht uns viel Freude!
Wir knistern ohne Ruh.

Tipp:

Anstelle der Butterbrottüten aus Papier können auch Zeitungen, Geschenkpapier, kleine Plastiktüten, Alufolie, Luftpolster- oder Geschenkfolie verwendet werden.

Variante:

Stellen Sie den Kindern farbig gestaltete Papprollen (siehe Angebot „Das Guckrohr", S. 25) als „Sprechrollen" oder große Plastiktrichter zur Verfügung. Animieren Sie die Kinder, sich die Gegenstände an den Mund zu halten und verschiedene Töne und Geräusche damit zu erzeugen.

Auditive Wahrnehmung

Thema:
Geräusche

Bildungsbereich:
Bewegung

Kompetenzbereiche:
auditive Wahrnehmung entwickeln, Auge-Hand-Koordination, Fein- und Grobmotorik verfeinern

Alter:
ab 8 Monate

Anzahl:
Klein- oder Gesamtgruppe

Material:
durchsichtige 0,5-Liter-PET-Flaschen, Trichter, Materialien zum Befüllen, z. B. Reis, Sand, Bohnen, Erbsen, bunte Perlen, Steinchen, Sekunden- oder Heißkleber

Klapperflaschen

Durch die Klapperflaschen erfahren die Kinder, dass unterschiedliche Materialien unterschiedliche Geräusche erzeugen können.

So geht's:

- Die Kinder füllen mehrere durchsichtige PET-Flaschen jeweils mit verschiedenen Materialien. Unterstützen Sie die Kinder hierbei ihrem Entwicklungsstand entsprechend.
- Nachdem die Flaschen gefüllt wurden, streichen Sie die Deckel sorgfältig mit Sekundenkleber ein und verschließen Sie die Flaschen.
- Stellen Sie den Kindern die Klapperflaschen zum Schütteln, Rasseln und Rollen im freien Spiel zur Verfügung.

Tipps:

- Bauen Sie mithilfe einer Langbank eine schiefe Ebene und lassen Sie die Flaschen diese hinunter- und auf dem Fußboden weiterrollen. Bereits sehr kleine Kinder werden dadurch angeregt, den klappernden und rasselnden Flaschen hinterher zu robben, zu krabbeln oder zu laufen.
- Nachdem die Kinder die Geräusche der einzelnen Flaschen kennengelernt haben, können Sie sie ab einem Alter von etwa 30 Monaten erraten lassen, welches Material sich in der Flasche befindet, die Sie hinter Ihrem Rücken schütteln.

Auditive Wahrnehmung

Musikleine

Bei dieser Aktivität begegnen die Kindern der Vielfalt unterschiedlicher Töne und Geräusche, die verschiedene Instrumente machen. Da die Instrumente an einer Leine befestigt sind, können sie nicht unbeaufsichtigt durch den Raum getragen werden, was der Lebensdauer der Instrumente zugute kommt.

Vorbereitung:

Spannen Sie in einer ruhigen Ecke des Gruppenraums eine lange Wäscheleine. An dieser Leine werden im Abstand von ca. 40 cm verschiedene Instrumente mit stabilen Bändern befestigt. Hängen Sie die Leine nur so hoch, dass die Kinder die Instrumente gut erreichen und sie ausprobieren können.

So geht's:

- Die Kinder können mit den Instrumenten frei experimentieren und Töne und Geräusche erzeugen.
- Benennen Sie die einzelnen Instrumente immer wieder, damit sich die Kinder ihre Namen einprägen.

Tipp:

Hängen Sie die bereits selbst gestalteten Instrumente, wie den Bim-Bam-Besen (S. 37), die Klapperflaschen (S. 40) oder die Sprechrollen (S. 39), an der Leine auf.

Variante:

Fragen Sie die Eltern der Kinder nach alten, nicht mehr benötigten Musikinstrumenten, wie z. B. Flöten, Geigen oder Gitarren, und lassen Sie die Kinder in Kleingruppen damit experimentieren und dazu singen.

Thema:
Töne und Geräusche machen

Bildungsbereiche:
Musik, Sprache

Kompetenzbereiche:
auditive Wahrnehmung entwickeln, Auge-Hand-Koordination und Feinmotorik verfeinern, Klänge und Geräusche entdecken

Alter:
ab 12 Monate

Anzahl:
1 Kind oder Kleingruppe

Material:
Wäscheleine, stabile Bänder, Musikinstrumente, z. B. Schellenkranz, Rahmentrommel, Rassel, Schellenband, Triangel, Blockflöte

Auditive Wahrnehmung

Thema:
Geräusche machen

Bildungsbereiche:
Sprache, Musik

Kompetenzbereiche:
auditive Wahrnehmung entwickeln, Auge-Hand-Koordination verfeinern, Geräusche und Klänge entdecken

Alter:
ab 24 Monate

Anzahl:
Kleingruppe

Material:
–

Material pro Kind:
Trommelschlägel

Klangspaziergang

Durch diese Aktivität werden die Kinder für die unterschiedlichen Töne und Geräusche sensibilisiert, die sie mit verschiedenen Alltagsgegenständen erzeugen können.

So geht's:

- Geben Sie jedem Kind einen Trommelschlägel.
- Die Kinder dürfen nun mit dem Schlägel durch den Raum gehen und vorsichtig gegen Möbel und andere Gegenstände klopfen und tippen. Dabei sollen die Kinder darauf achten, welche Geräusche und Töne sich so erzeugen lassen.

Tipps:

- Kinder ab einem Alter von etwa 30 Monaten können versuchen, mit Ihrer Hilfe die entstandenen Geräusche und Töne zu beschreiben: laut – leise, hoch – tief, hell – dunkel, hohl etc.
- Geben Sie den Kindern kleine Stöcke und lassen Sie sie in der freien Natur damit experimentieren. Welche Geräusche und Töne lassen sich im Garten, auf einem Spielplatz oder im Wald erzeugen? Im Anschluss daran können die Kinder Collagen aus Bildern von Dingen erstellen, an deren Geräusche sie sich besonders gut erinnern.

Varianten:

- Veranstalten Sie mit den Kindern ein Lebensmittelkonzert: Eine reife Melone klingt hohl, wenn man mit dem Finger dagegenklopft, Knäckebrot kracht beim Reinbeißen, Tee kann man schlürfen.
- Achten Sie gemeinsam mit den Kindern auf die unterschiedlichen Geräusche der Umgebung. Wie klingt es auf der Straße? Wie klingt es im Wald? Die Kinder können versuchen, die Unterschiede zu beschreiben.
- Nutzen Sie die verschiedenen Alltagssituationen, z. B. beim Mittagessen, beim Händewaschen oder beim Anziehen, um auf verschiedene Geräusche aufmerksam zu machen.

Auditive Wahrnehmung

Hörst du das?

Die Hörfähigkeit bildet eine wesentliche Grundlage für die Sprachentwicklung eines Kindes. Mit den folgenden Spielen können zwei wichtige Fähigkeiten überprüft werden: Einerseits, ob die Kinder in der Lage sind, die Bewegungsrichtung eines Geräusches zu erkennen und andererseits, ob die Kinder Geräuschunterschiede wahrnehmen können.

Was tickt denn da?

So geht's:

- Verstecken Sie mehrere aufgezogene, tickende Küchen- und Eieruhren im Raum, ohne dass die Kinder es merken.
- Die Kinder bekommen nun die Aufgabe, die einzelnen Uhren zu finden. Wenn die Kinder möchten, dürfen sie die Wecker zurückdrehen und zum Läuten bringen.

Bewegliche Geräusche

So geht's:

- Die Kinder sitzen mit geschlossenen Augen im Kreis.
- Bewegen Sie sich möglichst leise durch den Raum, während Sie vorsichtig mit einem Glöckchen klingeln oder ein Instrument spielen.
- Die Kinder versuchen dem Geräusch zu folgen, indem sie mit einem Finger in die Richtung zeigen, aus der das Geräusch kommt. Machen Sie immer wieder kurze Pausen, in denen die Kinder die Augen öffnen dürfen, um zu sehen, ob sie richtig vermutet haben.

Wo ist die Kugel?

So geht's:

- Stecken Sie in einen der sechs Plastikbehälter eine Murmel.
- Verschließen Sie alle Dosen, legen Sie sie in eine Schachtel und vermischen Sie sie gut.
- Die Kinder versuchen nun durch Schütteln herauszufinden, in welcher Dose die Murmel ist.

Tipp:

Sie können das Spiel erschweren, indem Sie die restlichen Plastikbehälter nach und nach mit anderen Materialien wie Reis, Bohnen oder kleinen Steinchen füllen.

Thema:
Richtungshören / Geräusche zuordnen

Bildungsbereiche:
Musik, Sprache

Kompetenzbereiche:
auditive Wahrnehmung und Konzentrationsfähigkeit entwickeln

Alter:
ab 24 Monate

Anzahl:
Klein- oder Gesamtgruppe

Material:
3–5 tickende Küchen- oder Eieruhren, Glocken mit unterschiedlicher Tonhöhe, Orff-Instrumente, 6 kleine Plastikbehälter, Murmel, Schachtel

Auditive Wahrnehmung

Thema:
Betonung

Bildungsbereich:
Sprache

Kompetenzbereiche:
auditive Wahrnehmung und Sprechfähigkeit weiterentwickeln, Freude an Sprache empfinden

Alter:
ab 24 Monate

Anzahl:
Klein- oder Gesamtgruppe

Material:
–

Nonsens-Sätze

Reime und rhythmische Sätze regen Kinder zum spielerischen Umgang mit Sprache an und unterstützen so die Sprachentwicklung. Durch das Experimentieren mit Lauten ergeben sich unterschiedliche akustische Impulse und Erfahrungsmöglichkeiten.

So geht's:

- Denken Sie sich einfache rhythmische Nonsens-Sätze aus, z. B.:

Ri-Ra-Ritze,
ich esse gern Lakritze.

Wi-Wa-Wonne,
morgen scheint die Sonne.

Klicker-klacker,
ticker-tacker,
ro-ro-ro.

Mi-Ma-Mause-Maus,
wir alle gehen jetzt nach Haus.

- Sprechen Sie den Kindern einen Satz vor. Die Kinder versuchen, ihn nachzusprechen.
- Wenn die Kinder den Satz nachsprechen können, sprechen Sie ihn erneut und variieren dabei die Lautstärke (von fast nicht hörbar bis schreiend), die Stimmlage (hoch, tief), die Geschwindigkeit (langsam, schnell) und die Stimmung (zornig, fröhlich, ängstlich). Den Kindern macht es sicherlich viel Freude, den Satz auf die verschiedenen Weisen nachzusprechen.

Olfaktorische Wahrnehmung

Die Nase – Riechen

Vor der Geburt kann das Kind seinen Geruchssinn noch nicht einsetzen. Doch bereits unmittelbar nach der Geburt nimmt das neugeborene Kind mit der Atmung durch die Nase Gerüche wahr. Mithilfe des Geruchssinns findet das Kind die mütterliche Brust und nach kurzer Zeit kann es den Duft seiner Mutter von anderen Gerüchen, z. B. dem Duft einer fremden Frau, unterscheiden.

Im Vergleich zu den anderen Sinneswahrnehmungsbereichen geht man oft davon aus, dass der Geruchssinn eine untergeordnete Rolle spielt. Doch ist das Riechen im Alltag von großer Bedeutung, was wir erst durch sein Fehlen erkennen würden. Im Laufe seines Lebens merkt sich ein Mensch mehrere Tausend Gerüche, die er erkennen und unterscheiden kann. Gerüche werden oft mit Gefühlen oder bestimmten Situationen verbunden, wodurch eine bestimmte Situation auch die Erinnerung an einen Geruch wachrufen kann.

Eine Besonderheit des Geruchssinns ist es, dass man sich dieser Sinneswahrnehmung nicht entziehen kann. Man kann die Augen schließen, sich die Ohren zuhalten, etwas nicht berühren oder nicht in den Mund nehmen – der Geruch aber ist immer da und man muss sich die Nase zuhalten oder den Ort verlassen, wenn man etwas nicht mehr riechen will.

Allgemein unterscheidet man zwischen angenehmen und unangenehmen Gerüchen, also zwischen Duft und Gestank. Als angenehm werden die Gerüche vieler Dinge aus der Natur, verschiedener Nahrungsmittel, eines nahestehenden Menschen sowie von Toilettenartikeln bezeichnet. Im unangenehmen Bereich finden sich z. B. Körpergerüche, Abgase, Qualm, Chemikalien sowie ungenießbare Nahrungsmittel.

Der Geruchssinn ist eng mit dem Geschmackssinn verbunden. Dadurch kann der angenehme Duft von genießbaren Nahrungsmitteln unsere Lust stärken, diese zu essen, und den Speichelfluss anregen, während der schlechte Geruch eines ungenießbaren Nahrungsmittels uns abstößt oder sogar Brechreiz auslöst, um uns zu schützen.

Die Möglichkeit einer differenzierten Geruchswahrnehmung ist von angeborenen Faktoren, von der Merkfähigkeit des Gehirns, aber auch davon abhängig, wie stark der jeweilige Geruchsstoff in der Luft konzentriert ist.

Die Schulung des Geruchssinns geht oftmals mit Geschmackserlebnissen einher. Daher sollte das bewusste Riechen in die täglich stattfindenden Mahlzeiten integriert werden. Unterstützen Sie dies durch eine angemessene sprachliche Begleitung. Weitere Gelegenheiten finden sich beim gemeinsamen Kochen und Backen mit Kindern, beim Wickeln, im Außengelände oder bei regelmäßigen Spaziergängen durch einen Wald oder über eine Wiese.

Im Folgenden finden Sie vielfältige Anregungen und Spiele, die die olfaktorische Wahrnehmung spielerisch fördern und unterstützen.

Olfaktorische Wahrnehmung

Kleine Sprüche für den ganzen Tag

Im Laufe eines Tages ergeben sich viele kleine Gelegenheiten, das Kind mit Sprüchen auf seine Nase aufmerksam zu machen. Gleichzeitig unterstützen diese Verse die Sprachbildung der Kinder.

Zur Begrüßung

Guten Morgen, liebe Nase,	*mit der Fingerspitze sanft auf die Nase des Kindes tippen*
bist du denn schon wach?	*die Schultern hochziehen und eine fragende Geste machen*
Guten Morgen, kleine Nase,	*mit der Fingerspitze sanft auf die Nase des Kindes tippen*
ich sag dir guten Tag.	*winken*

Am Frühstückstisch

Bunte Blumen sind da in der Vase.	*auf eine Blumenvase zeigen*
Um sie zu riechen,	*an den Blumen riechen*
brauch ich meine Nase.	*auf die eigene Nase zeigen*

Im Spielkreis

Die Nase	*auf die eigene Nase zeigen*
ist zum Riechen da,	*schnuppern*
jupheidi und jupheida!	
Komm doch und mach mit –	*auf das Kind zeigen*
riechen ist der Hit!	*tief durch die Nase einatmen*

Die Nase	*auf die eigene Nase zeigen*
ist zum Riechen da.	*tief durch die Nase einatmen*
Ei, das ist so wunderbar!	
Ich rieche hier,	*schnuppern*
und du riechst da –	*auf ein Kind zeigen und schnuppern*
Riechen, das ist wunderbar.	*tief durch die Nase einatmen*

Tipp:

Anstelle von *riechen* können auch andere Verben wie *schnüffeln* oder *schnuppern* eingesetzt werden.

Nach dem Wickeln

Sauber und frisch ist nun dein Po,	
da ist deine Nase aber froh.	*tief durch die Nase einatmen*

Vor dem Einschlafen

Ich streichle deine Nase,	*sanft über den Nasenrücken des Kindes streicheln*
mein lieber kleiner Hase.	
Schließe sanft die Augen zu,	*vorsichtig über die Augen des Kindes streicheln*
komme langsam auch zur Ruh.	

Zur Verabschiedung

Für heute ist nun endlich Schluss,	*mit dem Finger auf die Nasenspitze des Kindes tippen*
die Nase kriegt noch einen Kuss.	*mit den Lippen einen Luftkuss machen*

Olfaktorische Wahrnehmung

Nasenmemory

Die Nase als zentrales Organ des Riechsinns ist gleichzeitig ein wesentlicher Teil des Gesichts, sowohl bei Menschen als auch bei Tieren. Die Kinder erfahren hier anhand verschiedener Fotos, dass jede Nase anders aussieht.

Vorbereitung:

Suchen Sie Fotos von verschiedenen Tierschnauzen und einer menschlichen Nase aus Zeitschriften heraus und machen Sie jeweils eine Farbkopie. Kleben Sie die Bilder auf Karten aus Tonkarton und laminieren Sie sie.

So geht's:

- Zeigen Sie den Kindern die Karten und sprechen Sie mit ihnen über die Bilder. Welche Tiere haben große Nasen, welche haben kleine Nasen? Gibt es auch Tiere, bei denen man die Nase gar nicht sehen kann?
- Legen Sie alle Karten verdeckt auf den Tisch und mischen Sie sie.
- Nun versuchen die Kinder nacheinander passende Paare zu finden, indem sie die Karten umdrehen.

Variante:

Kopieren Sie einmal den ganzen Kopf und einmal nur die Nase der Tiere und erstellen Sie daraus die Memorykarten. Die Kinder versuchen dann, die Nase dem entsprechenden Tier zuzuordnen.

Thema:
Nasen

Bildungsbereich:
Körper und Gesundheit

Kompetenzbereiche:
Dinge einander zuordnen, Konzentrationsfähigkeit weiterentwickeln, Körperteile benennen, Ablauf einhalten

Alter:
ab 24 Monate

Anzahl:
1 Kind oder Kleingruppe

Material:
Fotos von Tierschnauzen und einer menschlichen Nase, Karten aus Tonkarton (ca. 10 cm x 10 cm), Schere, Kleber, Laminierfolie, Laminiergerät

Olfaktorische Wahrnehmung

Thema:
Gerüche erraten

Bildungsbereich:
Körper und Gesundheit

Kompetenzbereich:
olfaktorische Wahrnehmung verfeinern

Alter:
ab 24 Monate

Anzahl:
1 Kind oder Kleingruppe

Material:
mehrere kleine Schraubgläser, Geschenkpapier, Klebestift, Lebensmittel und Materialien mit Geruch, z. B. Kaffeebohnen, Orangenschalen, Vanille- und Zimtstangen, Lavendel- oder Rosenblüten, Kakao, Pfefferminztee, Erde, Tannenzweige, Baumrinde, Katzenfutter, Essig

Duft oder Gestank?

Unsere Nase kann mehrere Tausend verschiedene Gerüche unterscheiden. Dabei findet jeweils eine subjektive Einordnung statt, ob der Geruch gut riecht, also duftet, oder schlecht riecht, also stinkt. Die folgende Aktivität sensibilisiert diese Wahrnehmung.

Vorbereitung:

Füllen Sie verschiedene riechende Materialien in verschraubbare Gläser. Umwickeln Sie die Gläser mit Geschenkpapier und kleben Sie es fest, damit die Kinder nicht hineinschauen können.

So geht's:

- Versammeln Sie die Kinder im Sitzkreis.
- Fragen Sie die Kinder, ob sie etwas kennen, das gut riecht, und etwas, das schlecht riecht. Sammeln Sie die Ideen der Kinder und sprechen Sie mit ihnen darüber.
- Stellen Sie nun die gefüllten Gläser in die Mitte. Lassen Sie die Kinder nacheinander an einem Glas riechen und den Geruch beschreiben. Riecht es gut oder schlecht? Bei einigen Gerüchen – beispielsweise bei Kaffee oder Baumrinde – kann die Empfindung stark differieren.
- Zeigen Sie den Kindern nach jeder Runde, was sich im Glas befindet, und benennen Sie es.

Olfaktorische Wahrnehmung

Duftsäckchen

Bei dieser Aktivität erhalten die Kinder die Gelegenheit, bei der Herstellung von Duftsäckchen mitzuwirken. Dabei lernen sie verschiedene Naturmaterialien und deren Düfte kennen.

So geht's:

- Die Kinder sitzen an einem Tisch. Legen Sie in kleinen Schüsseln verschiedene Naturmaterialien bereit und benennen Sie diese jeweils.
- Die Kinder erhalten zunächst die Gelegenheit, an den verschiedenen Sachen zu riechen.
- Schneiden Sie aus bunten Stoffresten für jedes Kind ein Stoffquadrat zu. Wenn Sie mit einer Zickzack-Schere schneiden, franst der Stoff nicht so aus.
- Jedes Kind belegt sein Stoffteil mit Naturmaterialien, deren Gerüche es gerne mag. Achten Sie darauf, dass die Kinder nicht zu viel auf den Stoff legen, damit er später noch zusammengebunden werden kann.
- Hat das Kind den Stoff belegt, nehmen Sie die vier Ecken des Quadrats zusammen und binden es mit dem Satinband zu einem Säckchen.
- Versehen Sie die Säckchen mit Namen und hängen Sie sie an einen Zweig oder einen Reifen, sodass sie für die Kinder auf „Nasenhöhe" hängen. Nun können die Kinder die verschiedenen Düfte in den Säckchen erkunden.

Tipp:

Die Duftsäckchen können zusätzlich schön verpackt und als Geschenk für die Eltern mit nach Hause gegeben werden.

Thema:
Gerüche von Naturmaterialien

Bildungsbereich:
Körper und Gesundheit

Kompetenzbereiche:
olfaktorische Wahrnehmung entwickeln, Materialien kennenlernen

Alter:
ab 18 Monate

Anzahl:
Klein- oder Gesamtgruppe

Material:
duftende Naturmaterialien, z. B. Kaffeebohnen, Orangenschalen, Vanille- und Zimtstangen, getrocknete Kräuter, Tannennadeln, Lavendel- oder Rosenblüten, Zickzack-Schere, Naturzweig oder Turnreifen

Material pro Kind:
Stoffquadrat (ca. 15 cm x 15 cm), Satinband

Olfaktorische Wahrnehmung

Thema:
Rezepte

Bildungsbereich:
Körper und Gesundheit

Kompetenzbereiche:
Geschmacksrichtungen kennenlernen, olfaktorische Wahrnehmung entwickeln, Feinmotorik verfeinern

Alter:
ab 18 Monate

Anzahl:
Kleingruppe

Material zu „Wichtelpunsch":
Teekanne, Esslöffel

Material zu „Apfelschalen-Tee":
Schälmesser, große Stopfnadeln, fester Zwirnfaden, Teekanne

Achtung!
Sprechen Sie im Vorfeld mit den Eltern über mögliche Allergien oder Lebensmittelunverträglichkeiten der Kinder!

Teestube

Vor allem die Herbst- und Winterzeit läd zu gemütlichen Teestunden ein. Aromatische Tees verbreiten angenehme Gerüche und schaffen eine wohlige Atmosphäre, in der die Kinder zur Ruhe kommen können.

Wichtelpunsch

Zutaten für 1,5 Liter Tee:

4 Beutel Kräuter- oder Früchtetee, 1 Liter kochendes Wasser, 1 Zimtstange, 3 Gewürznelken, 250 ml Apfelsaft, 250 ml Orangensaft, ½ Zitrone

So geht's:

- Füllen Sie alle Zutaten bis auf die Säfte in eine große Kanne und gießen Sie sie mit dem kochenden Wasser auf.
- Lassen Sie den Tee etwa sechs Minuten zugedeckt ziehen. Nehmen Sie danach die Teebeutel, die Nelken und die Zimtstange wieder heraus.
- Schneiden Sie die halbe Zitrone in Scheiben und geben Sie diese in den Punsch. Anschließend füllen Sie die Kanne mit den Fruchtsäften auf.

Apfelschalen-Tee

Zutaten für 1 Liter Tee:

1 kg frische Äpfel, 1 Liter kochendes Wasser, 1 Zimtstange

So geht's:

- Waschen Sie gemeinsam mit den Kindern die Äpfel und schälen Sie sie. Mit kindgerechten Schälmessern können Kinder ab 24 Monaten Sie bereits dabei unterstützen.
- Fädeln Sie die Schalen mithilfe der Stopfnadeln auf Zwirnfäden und hängen Sie sie einige Tage in der Nähe der Heizung zum Trocknen auf.
- Machen Sie die Kinder immer wieder auf das Apfelaroma aufmerksam, das sich im Raum entfaltet.
- Wenn die Apfelschalen trocken sind, füllen Sie eine Hand voll in eine Kanne, geben Sie die Zimtstange hinzu und übergießen sie alles mit kochendem Wasser. Lassen Sie den Tee zehn Minuten ziehen. Je trockener die Schalen sind, desto intensiver und aromatischer schmeckt der Tee.

Tipps:

- Schälen Sie die Äpfel so, dass Spiralen entstehen. Diese sehen besonders schön aus, wenn Sie zum Trocknen aufgehängt werden.
- Die Schalen können auch für einige Stunden bei 50 °C im Backofen getrocknet werden. Damit die feuchte Luft entweichen kann, lassen Sie die Backofentür einen Spalt breit offen.

Olfaktorische Wahrnehmung

Badespaß

Bei einem Bad mit ätherischen Ölen werden der Tast- und der Geruchssinn durch das duftende, warme Wasser stimuliert. Die Entwicklung der Körperwahrnehmung wird gefördert und das Kind verknüpft ein entspanntes Wohlgefühl mit bestimmten Gerüchen.

Vorbereitung:

Temperieren Sie den Raum, in dem gebadet wird, auf ca. 25 °C, damit die Kinder nicht frieren. Geben Sie zwei bis drei Tropfen ätherisches Öl in das Wasser einer kleinen Badewanne. Fügen Sie dem Wasser ein bis zwei Esslöffel Milch hinzu, damit sich das Öl besser mit dem Wasser vermischt. Steht Ihnen eine große Wanne zur Verfügung, benötigen Sie sechs bis acht Tropfen Öl und fünf bis sechs Esslöffel Milch.

So geht's:

- Setzen Sie die Kinder in die Wanne, wenn die Wassertemperatur etwa 37 °C beträgt. Lassen Sie die Kinder nach Herzenslust in der Wanne spielen. Bieten Sie ihnen Spielmaterialien zum Experimentieren an.
- Machen Sie die Kinder dabei sprachlich auf den Geruch des jeweiligen Öls aufmerksam. Nach zehn bis fünfzehn Minuten sollte das Bad beendet werden.

Tipp:

Bieten Sie dem Kind nach dem Baden eine wohltuende Massage an. Legen Sie das Kind dazu auf weiche Handtücher auf den Boden und schaffen Sie durch leise Meditationsmusik eine angenehme Atmosphäre. Wärmen Sie hochwertiges Jojoba-, Kokos- oder Mandelöl in Ihren Händen an und massieren Sie das Kind vorsichtig. Es gibt spezielle Massagegriffe aus der indischen Babymassage, die Sie anwenden können. Hilfreiche Seiten dazu finden Sie im Internet. Manche Kinder möchten jedoch nicht angefasst werden. Äußert das Kind seinen Unmut, sollten Sie nicht weitermassieren.

Thema:
Entspannung

Bildungsbereich:
Körper und Gesundheit

Kompetenzbereiche:
taktile und olfaktorische Wahrnehmung entwickeln, Entspannung erleben

Alter:
ab 6 Monate

Anzahl:
1 Kind oder Kleingruppe

Material:
ätherisches Körperöl, Milch, Spielmaterialien, z. B. Becher, Schwämme, Waschlappen

Achtung!
Verwenden Sie ausschließlich Körperöle, die speziell für Kinder geeignet sind. Dosieren Sie sie in der hier empfohlenen Menge und niemals pur. Öle für Duftlampen sind nicht geeignet. Einige ätherische Öle können bei Kleinkindern Atemnot auslösen. Dazu gehören Kampfer-, Eukalyptus- und Thymianöl sowie Menthol. Bewahren Sie ätherische Öle immer außerhalb der Reichweite der Kinder auf!

Olfaktorische Wahrnehmung

Thema:
Duftseife herstellen

Bildungsbereiche:
Kunst und Kultur, Körper und Gesundheit

Kompetenzbereiche:
Feinmotorik und Auge-Hand-Koordination verfeinern, Materialien kennenlernen, olfaktorische und taktile Wahrnehmung entwickeln

Alter:
ab 18 Monate

Anzahl:
1 Kind oder Kleingruppe

Material für 6–8 Seifen:
500 g transparente Glyceringrundmasse, Duftöl, Kochtopf, Rührlöffel, Materialien zum Verzieren, z. B. Blütenblätter, getrocknete Kräuter, Glitzerpulver, kleine Spielzeuge

Material pro Kind:
flacher Plastikbecher

Achtung!
Verwenden Sie ausschließlich ätherische Öle, die speziell für Kinder geeignet sind. Dosieren Sie sie in der hier empfohlenen Menge und niemals pur. Öle für Duftlampen sind nicht geeignet. Einige ätherische Öle können bei Kleinkindern Atemnot auslösen. Bewahren Sie ätherische Öle außerhalb der Reichweite der Kinder auf!

Kinderseife selbst gemacht

Seifen sind fester Bestandteil des Alltagslebens kleiner Kinder, denn sie kommen bei der täglichen Hygiene damit in Kontakt. Neben dem angenehmen taktilen Erlebnis im Umgang mit Seifen erleben sie verschiedene Düfte und schulen so ihre olfaktorische Wahrnehmung. Darüber hinaus macht es den Kindern viel Spaß, Seifen selbst herzustellen.

Vorbereitung:

Erhitzen Sie die Glycerinmasse im Wasserbad bei maximal 60 °C, bis sie flüssig ist. Geben Sie nun ein bis zwei Tropfen eines Duftöls hinzu und rühren Sie alles gut durch. Gießen Sie eine ca. 2 cm hohe Schicht in jedes Plastikgefäß.

So geht's:

- Jedes Kind wählt nun eine Zutat, mit der es seine Seife verzieren möchte, und gibt diese in seinen Plastikbecher. Dadurch, dass die durchsichtige Glycerinmasse im erkalteten Zustand transparent bleibt, sind die jeweiligen Zutaten auch später gut sichtbar.
- Gießen Sie eine weitere Schicht flüssiges Glycerin darüber, bis alles bedeckt ist.
- Lassen Sie die Masse so weit abkühlen, dass die Kinder sie anfassen können. Lösen Sie die Seife aus dem Becher und geben Sie sie den Kindern zum Formen in die Hände.
- Abschließend müssen die fertig gestalteten Seifen gut durchtrocknen.

Tipps:

- Auch Fotos der Kinder oder kleine, selbst gestaltete Zeichnungen können in die Seifen eingearbeitet werden. So entstehen schöne Geschenke für die Eltern.
- Sie können der Glycerinmasse neben dem Duftöl auch Lebensmittelfarbe beifügen und alles gut durchrühren. So erhalten Sie farbige Seifen.

Variante:

Seife lässt sich auch gut aus geriebener Kernseife herstellen, die Sie mit etwas kochendem Wasser übergießen und glatt rühren. Diese Masse lässt sich gut mit Lebensmittelfarbe färben und mit Naturmaterialien verzieren. Arbeiten die Kinder beim Formen einen Wollfaden in ihre Seife mit ein, kann diese später gut zum Trocknen aufgehängt werden und sieht zudem schön aus.

Olfaktorische Wahrnehmung

Duft-Zauberblume

Bieten Sie den Kindern die Duft-Zauberblume im Spielkreis oder als Überraschung im Rahmen einer Geburtstagsfeier zum Sehen, Staunen und Riechen an. Den Duft der Blume können Sie immer wieder variieren.

Vorbereitung:

Beträufeln Sie das rote Chiffontuch mit einem Tropfen ätherischem Öl. Knüllen Sie es dann so klein wie möglich in Ihrer Hand zusammen und verstecken Sie es in Ihren Händen.

So geht's:

- Die Kinder sitzen so im Sitzkreis, dass alle Sie gut sehen können.
- Öffnen Sie, während Sie den Spruch aufsagen, ganz langsam Ihre Hände und halten Sie diese schließlich wie eine geöffnete Schale. So entfaltet sich das Chiffontuch wie eine Blume.

> Schaut mal, wie ich zaubern kann!
> Was wächst in meiner Hand? Sieh an!
> Was kann das wohl sein?
> Eine Blume – rot und fein!
> Und was liegt da in der Luft?
> Ein betörend schöner Duft!
> Riech einmal ganz sacht
> und gib auf deine Nase acht!

- Abschließend dürfen die Kinder vorsichtig an der Blume riechen, ohne das Tuch zu berühren.

Thema:
Duft erleben

Bildungsbereich:
Körper und Gesundheit

Kompetenzbereiche:
visuelle und olfaktorische Wahrnehmung entwickeln

Alter:
ab 12 Monate

Anzahl:
Gesamtgruppe

Material:
rotes Chiffontuch, Duftöl

Achtung!
Verwenden Sie ausschließlich ätherische Öle, die speziell für Kinder geeignet sind. Dosieren Sie sie in der hier empfohlenen Menge und niemals pur. Öle für Duftlampen sind nicht geeignet. Einige ätherische Öle können bei Kleinkindern Atemnot auslösen. Dazu gehören Kampfer-, Eukalyptus- und Thymianöl sowie Menthol. Bewahren Sie ätherische Öle immer außerhalb der Reichweite der Kinder auf!

Olfaktorische Wahrnehmung

Thema:
Weihnachtsdüfte

Bildungsbereich:
Körper und Gesundheit

Kompetenzbereiche:
olfaktorische Wahrnehmung entwickeln, Gestaltungstechniken kennenlernen, Feinmotorik verfeinern

Alter:
ab 12 Monate

Anzahl:
Klein- oder Gesamtgruppe

Material zu „Tannenduft":
Vasen, Körbe, Zweige von duftenden Nadelbäumen, z. B. Douglasie, Zuckerhutfichte, Kiefer

Material zu „Orangen- und Gewürzduft":
Orange, 40 Gewürznelken, dekorativer Teller

Material zu „Weihnachtsduft":
50 g Zimt, 50 g Anis, 50 g Nelken, Mörser und Schüssel, dekorative Schale

Material zu „Duftmobile":
100 g Zimtstangen, 50 g Anissterne, getrocknete Schalen von 2–3 Orangen und/oder Zitronen, fester Bindfaden, große Stopfnadeln, Naturzweig, z. B. Tanne oder Korkenziehereiche

Vorweihnachtliche Dufterlebnisse

Gerade die Weihnachtszeit verbindet man mit feinen Düften. Es gibt viele fertige Duftmischungen und Möglichkeiten, mit künstlichen Aromen Räume zu beduften. Eine natürlichere und für die Atemwege kleiner Kinder verträglichere Möglichkeit bietet die Verwendung von verschiedenen Gewürzen und Pflanzen.

Tannenduft

So geht's:

- Verteilen Sie frisch geschnittenes Tannengrün in Vasen oder Körben im Gruppenraum. Verzichten Sie darauf, die Zweige in Wasser zu stellen. Durch das Trocknen der Zweige und Nadeln entfalten die ätherischen Öle beim Verdunsten ihr volles Aroma.
- Verstärken können Sie das Dufterlebnis, indem Sie die Nadeln zwischen den Fingerspitzen zerreiben.

Orangen- und Gewürzduft

So geht's:

- Stecken Sie mit den Kindern die Nelken in die Haut der Orange.
- Legen Sie die gespickte Orange auf einen dekorativen Teller und stellen Sie diesen möglichst in der Nähe der Heizung auf. Durch die Wärme trocknet die Orange aus und entfaltet ihren Duft.

Weihnachtsduft

So geht's:

- Mischen Sie mit den Kindern die Gewürze in einer Schüssel und zerstoßen Sie diese mit dem Mörser. Lassen Sie die Kinder dabei selbst versuchen, die Gewürze kleinzumahlen.
- Geben Sie die zermahlenen Gewürze in eine dekorative Schale und stellen Sie diese in der Nähe einer Heizung so auf, dass die Kinder die Schale nicht erreichen können.

Duftmobile

So geht's:

- Fädeln Sie gemeinsam mit den Kindern die Naturmaterialien zu 10 bis 15 cm langen Ketten auf.
- Binden Sie die entstandenen Gewürzketten an einen Zweig und hängen Sie diesen an einem warmen Platz auf, sodass die Gewürze ihren Duft nach und nach entfalten können.

Gustatorische Wahrnehmung

Die Zunge – Schmecken

Die Entwicklung des Geschmackssinns beginnt bereits im dritten Schwangerschaftsmonat. Im Mutterleib trinkt das Kind Fruchtwasser und lernt dadurch, Geschmacksunterschiede wahrzunehmen. Bei der Geburt ist der Geschmackssinn vollständig ausgereift.

Die Geschmacksknospen liegen auf der Zungen- und Rachenschleimhaut. Im Allgemeinen unterscheidet man vier Geschmacksrichtungen, die jeweils in speziellen Bereichen der Zungenoberseite besonders gut wahrgenommen werden können:
- süß im Bereich der Zungenspitze
- salzig in den vorderen Randbereichen der Zunge
- sauer in den hinteren Randbereichen der Zunge
- bitter im hinteren, mittleren Bereich der Zunge

Die Geschmacksrichtung umami (= japanisch „wohlschmeckend") wird durch Glutamate hervorgerufen und ist vor allem bei eiweißreichen Lebensmitteln wie Milch, Käse, Fleisch und Sojabohnen zu finden.

Geschmackliche Vorlieben und Gewohnheiten eines Kindes sind für das Essverhalten seines ganzen Lebens entscheidend. Die Nahrungsaufnahme ist ein sinnliches Erfahrungsfeld und sollte daher mit Genuss und Abwechslung verbunden sein. Voraussetzung dafür ist das Prinzip der Freiwilligkeit: Die Einrichtung stellt ein Angebot an Nahrungsmitteln zur Verfügung, die eine gesunde und ausgewogene Ernährung gewährleisten. Die Entscheidung jedoch, was aus dem Nahrungsangebot auswählt und wie viel es davon gegessen wird, trifft auch ein Kleinstkind bereits selbst. Nur auf diese Weise kann es seine Bedürfnisse kennenlernen und eigene Vorlieben entwickeln – eine wichtige Maßnahme zur Vorbeugung gegen Essstörungen und Ernährungsfehler.

Für Kinder bis zu einem Alter von einem Jahr sollten die Mahlzeiten flexibel in den Alltag eingebunden werden. Wenn ein Kind Hunger hat, sollte dieses Bedürfnis möglichst zeitnah gestillt werden. Bei einem Essrhythmus von fünf Mahlzeiten pro Tag finden meist drei davon (zweites Frühstück, Mittagessen und Zwischenmahlzeit am Nachmittag) in der Kinderkrippe statt. Sprachlich können die Mahlzeiten von Ihnen durch Bezeichnungen der Nahrungsmittel bzw. Gerichte sowie durch kurze Fragen zur Essenssituation („Schmeckt das gut?", „Ist das zu heiß?", „Bist du satt?") begleitet werden.

Bis zum Ende des ersten Lebensjahres hat sich der Essrhythmus des Kindes weitgehend den Essenszeiten der Gruppe angepasst. Es wird zum selbstständigen Esser, der zunehmend „Normalkost" erhält.

Nach und nach versuchen die Kinder nun, die Nahrung mit einem eigenen Löffel vom Teller in den Mund zu befördern. Geben Sie dabei nur Hilfestellung, wenn das Kind zu müde zum Selbstessen ist. Um Essanfängern das Erlebnis zu ermöglichen, die Nahrung eigenständig in den Mund zu bekommen, kann ihnen gelegentlich das Essen mit den Fingern erlaubt werden. Dabei sammeln die Kinder zugleich sinnliche Erfahrungen in weiteren Wahrnehmungsbereichen.

Ermutigen Sie die Kinder, beim genussvollen Essen möglichst viele Sinne einzusetzen, und lassen Sie verschiedene Erfahrungsmöglichkeiten zu:
- Das Kind „begreift" das Nahrungsmittel, indem es dieses berührt und ertastet.
- Das Kind betrachtet das Nahrungsmittel und erkennt es. Welche Farbe und Form hat es?
- Das Kind nimmt Geräusche im Zusammenhang mit dem Nahrungsmittel wahr (z. B. Öffnen einer Banane, Schälen eines Apfels, Abbeißen von einem Apfel oder einem Zwieback, Umrühren einer Suppe).
- Das Kind riecht an dem Nahrungsmittel und verknüpft damit Erinnerungen und Vorlieben.
- Das Kind ordnet dem Nahrungsmittel eine Geschmacksrichtung zu.

Im Folgenden finden Sie Anregungen und Spiele, die die gustatorische Wahrnehmungsfähigkeit über die regelmäßigen Mahlzeiten hinaus spielerisch unterstützen und verfeinern.

Gustatorische Wahrnehmung

Mein Mund und meine Zunge

Das folgende Bewegungsspiel lenkt die Aufmerksamkeit der Kinder auf den Mund als Teil des Gesichts und schult dadurch die Körperwahrnehmung.

Das ist mein Gesicht und das ist rund –	*auf das Gesicht zeigen und die Gesichtsform mit dem Finger umkreisen*
und im Gesicht, da ist der Mund.	*auf den Mund zeigen*
Kann vorsichtig mit dem Finger drauftippen,	*mit dem Finger auf den Mund tippen*
kann langsam streicheln meine Lippen.	*mit dem Finger die Lippen entlangstreichen*
Und wenn ich dann ganz herzhaft gähne, siehst du meine schönen Zähne.	*gähnen*
Mit dem Mund, da kann ich lachen und noch ganz andere Sachen machen: sprechen, singen – tralala.	*lachen*
Auch zum Essen ist er da.	*pantomimisch essen*
Tut den ganzen Tag sehr viel und wird erst zum Schlafen still.	*Hand an die Wange legen*

Hier erfahren die Kinder, dass die Zunge wichtig für das Geschmackserleben ist. Gleichzeitig lernen sie die Begrifflichkeiten für die verschiedenen Geschmacksrichtungen kennen und erweitern so ihren Wortschatz.

Wenn ich ess

Wenn ich ess mit meinem Mund,	*mit dem Finger auf den Mund zeigen*
dann geht's auf meiner Zunge rund.	*Zunge rausstrecken und darauf zeigen*
Vorsichtig schmeckt sie genauer,	*mit der Zunge im Mundraum hin und her tasten*
ob's süß ist, salzig – oder sauer.	*Gesicht verziehen*

Gustatorische Wahrnehmung

Obstmandala

Es heißt nicht umsonst: Das Auge isst mit! Laden Sie die Kinder mit folgender Idee bei einem Frühstück oder bei einer Zwischenmahlzeit dazu ein, genussvoll zuzugreifen und herauszufinden, wie die verschiedenen bunten Sachen schmecken.

So geht's:
- Gestalten Sie aus Obstsorten auf einem großen Teller ein buntes Mandala und bieten Sie es den Kindern zum Verzehr an.
- Im ersten Durchgang dürfen sich die Kinder der Reihe nach etwas auswählen.
- In einer weiteren Runde kann das nach bestimmten Vorgaben stattfinden, z. B.: „Nimm dir etwas, das rot ist."

Tipp:
Bieten Sie den Kindern statt eines Obstmandalas ein Gemüsemandala an oder mischen Sie Obst und Gemüse.

Variante:
Das Obst wird auf einem Drehteller angerichtet. Gemeinsam wird er gedreht und dabei der folgende Spruch aufgesagt. Anschließend nimmt sich ein vorher ausgewähltes Kind etwas vom Teller und probiert. Es wird gefragt, ob ihm das Obst schmeckt. Weiß es, was es ausgewählt hat? Je nach Alter kann das Kind versuchen zu beschreiben, was es schmeckt.

> Bunter, bunter Obstteller,
> dreh dich mal langsam und mal schneller.
> Buntes Obst dreht sich im Kreise,
> nimmt uns mit auf eine Reise.
> Salzig, süß und sauer –
> die Zunge schmeckt's genauer.
> Hält der Teller endlich an,
> nimm dir was, denn du bist dran.
> Dann sag uns bitte allen hier:
> Wie schmeckt das Obst dir?

Thema:
Schmecken von Obst

Bildungsbereich:
Körper und Gesundheit

Kompetenzbereiche:
Geschmacksrichtungen kennenlernen, Geruchssinn und Feinmotorik verfeinern

Alter:
ab 18 Monate

Anzahl:
1 Kind oder Kleingruppe

Material:
Obstmesser, Schneidebrett, Teller, verschiedene Obstsorten

Gustatorische Wahrnehmung

Thema:
Gemüsesorten

Bildungsbereiche:
Körper und Gesundheit, Sprache

Kompetenzbereiche:
Feinmotorik verfeinern, Sprache mit Bewegung verknüpfen, Wortschatz erweitern

Alter:
ab 18 Monate

Anzahl:
1 Kind oder Kleingruppe

Material:
–

Gemüsesuppe

Bei diesem Fingerspiel lernen die Kinder spielerisch verschiedene Gemüsesorten kennen. Durch die Reime können sie sich die Begriffe leichter merken. Unterstützt wird der Spruch durch einfache Gesten und das Einbeziehen aller Finger.

So geht's:

Wir kochen heut Gemüsesuppe,	*in einem imaginären Topf rühren*
schmecken soll's der ganzen Gruppe.	*mit der Handfläche den Bauch reiben*
Das hier ist Christoffel, der schneidet die Kartoffel.	*auf den Daumen zeigen*
Dies ist die Beate, die isst so gern Tomate.	*auf den Zeigefinger zeigen*
Und das ist die Charlotte, sie schwärmt für die Karotte.	*auf den Mittelfinger zeigen*
Dann kommt unsere schöne Marie, die mag am liebsten Sellerie.	*auf den Ringfinger zeigen*
Und zum guten Schluss kommt Hein,	*auf den kleinen Finger zeigen*
der kocht daraus die Suppe –	*in einem imaginären Topf rühren*
fein!	*mit der Handfläche den Bauch reiben*

Gustatorische Wahrnehmung

Kochclub (1)

Bei der Zubereitung einfacher Speisen lernen die Kinder durch selbstständiges Tun. Dabei sind feinmotorische Fähigkeiten gefragt. Gemeinsam wird die Mahlzeit anschließend genussvoll verspeist. So wird auch das Gruppengefühl gestärkt. Halten Sie die Kinder beim Umgang mit Lebensmitteln zur besonderen Hygiene an. Vor Arbeitsbeginn sollte das Händewaschen selbstverständlich sein. Bereiten Sie die Speisen am besten in der Küche zu.

Quarkspeise

Zutaten für 10 Portionen:

625 g Quark, 125 g Naturjoghurt, 4 Esslöffel Zucker, 2 Päckchen Vanillezucker, 500 ml Sahne, 850 g Früchte, z. B. Bananen, Himbeeren, Erdbeeren

So geht's:

- Geben Sie gemeinsam mit zwei Kindern Quark, Joghurt, Zucker und Vanillezucker in eine Schüssel. Lassen Sie alles mit dem Schneebesen verrühren.
- Bereiten Sie das Rührgerät vor und lassen Sie ein Kind die Sahne steif schlagen. Anschließend wird sie locker unter die Quarkcreme gehoben.
- Zeigen Sie der Gruppe, wie das Obst gewaschen oder geschält und zerkleinert wird.
- Die Kinder bereiten die restlichen Früchte dann selbstständig vor. Das Obst wird anschließend in die Sahne-Quark-Creme gerührt.

Tipp:

Manche Kinder mögen es nicht, wenn die Früchte in den Quark gerührt werden. Sie essen beides lieber getrennt.

Obstsalat

Zutaten für 10 Portionen:

3 große Äpfel, 3 Bananen, 7 Kiwi, je nach Jahreszeit 3 Orangen oder 1 Mango und 10 Erdbeeren, 1 Tüte gehackte Haselnüsse

So geht's:

- Zeigen Sie der Gruppe, wie das Obst gewaschen oder geschält und zerkleinert wird: Äpfel, Kiwi, Orangen oder Mango und Erdbeeren werden in kleine Stücke geschnitten, die Bananen in Scheiben. Die Kinder bereiten die restlichen Früchte dann möglichst selbstständig vor.
- Das Obst wird in einer Schüssel gesammelt. Ein Kind schüttet die Haselnüsse darüber.
- Ein Kind verrührt schließlich alles mit zwei großen Löffeln oder einem Salatbesteck.

Thema:
Rezepte

Bildungsbereich:
Körper und Gesundheit

Kompetenzbereiche:
Geschmacksrichtungen kennenlernen, Geruchssinn und Feinmotorik verfeinern

Alter:
ab 18 Monate

Anzahl:
Kleingruppe

Material zu „Quarkspeise":
Schüssel, Esslöffel, Schneebesen, Rührgerät,

Material pro Kind:
Obstmesser und Schreidebrett

Material zu „Obstsalat":
Schüssel, zwei große Löffel oder Salatbesteck

Material pro Kind:
Obstmesser und Schneidebrett

Achtung!
Sprechen Sie im Vorfeld mit den Eltern über mögliche Allergien oder Lebensmittelunverträglichkeiten der Kinder!

Gustatorische Wahrnehmung

Material zu „Brot backen":
Schüssel, Küchenwaage, sauberes Geschirrtuch, Backpinsel, Messer

Material zu „Möhrencremesuppe":
Topf mit Deckel, Esslöffel, Teelöffel, Pürierstab

Material pro Kind:
Gemüsemesser und Schneidebrett

Achtung!
Sprechen Sie im Vorfeld mit den Eltern über mögliche Allergien oder Lebensmittelunverträglichkeiten der Kinder!

Kochclub (2)

Brot backen

Zutaten für 3 Stangenbrote:

750 g Mehl (Weizenmehl Type 405 oder 1050), 40 g frische Hefe, 5 g Zucker, 500 ml lauwarme Milch, 250 g kernige Haferflocken, 20 g Jodsalz, 60 g Butter, 1 Ei, etwas Milch zum Bestreichen

So geht's:

- Messen Sie 500 g Mehl ab und geben Sie es in eine Schüssel. Ein Kind bildet mit den Händen in der Mitte eine kleine Mulde.
- Die Kinder zerbröckeln die Hefe und geben sie zusammen mit dem Zucker und der Milch in die Mulde. Alles wird anschließend zu einem dickflüssigen Teig verknetet.
- Mit dem restlichen Mehl und den Haferflocken wird der Teig bedeckt.
- Lassen Sie von einem Kind Salz an den Schüsselrand streuen und den Teig mit einem feuchten Tuch abdecken. Er muss nun 20 bis 30 Minuten an einem warmen Ort gehen.
- Anschließend gibt ein Kind die Butter und das Ei hinzu und vermengt alles gut. Dann soll der Teig weitere 30 Minuten gehen.
- Bemehlen Sie gemeinsam die Arbeitsfläche und formen Sie den Teig zu drei Kugeln, die zu langen Stangen ausgerollt werden.
- Die Kinder legen die Brote auf ein gefettetes Backblech, bestreichen sie mit Milch und lassen sie abgedeckt nochmals 15 Minuten gehen.
- Abschließend versehen die Kinder jedes Brot mit acht ca. 1 cm tiefen Querschnitten, bestreichen den Teig nochmals mit Milch und backen die Brote auf der mittleren Schiene 20 bis 25 Minuten bei 220 °C (Umluft 200 °C).

Tipp:

Die Brote werden noch knuspriger, wenn man ein hitzebeständiges, mit Wasser gefülltes Gefäß in den Ofen stellt.

Möhrencremesuppe

Zutaten für 10 Portionen:

2,5 kg Möhren, 5 große Kartoffeln, 2,5 Liter Wasser, 5 Esslöffel gekörnte Brühe, Salz und Pfeffer, 1 Teelöffel Zucker, Muskat

So geht's:

- Zeigen Sie der Gruppe, wie das Gemüse geputzt und klein geschnitten wird. Anschließend dürfen sie mithelfen. Geben Sie dabei Hilfestellung.
- Kochen Sie das Gemüse mit dem Wasser und der Brühe ca. 20 Minuten.
- Pürieren Sie zusammen mit einem Kind das Gemüse anschließend mit dem Pürierstab.

Gustatorische Wahrnehmung

Probier-Bar

Im Laufe des Tages gibt es verschiedene Möglichkeiten, den Kindern Büffets zum Probieren anzubieten. Hierdurch bekommen sie Gelegenheit, Neues zu probieren und verschiedene Geschmacksrichtungen kennenzulernen.

Ess-Bar

So geht's:

- Bieten Sie den Kindern verschiedene Lebensmittel in unterschiedlicher Büffetform an. Beteiligen Sie die Kinder weitestgehend an der Vorbereitung und Zubereitung der Speisen sowie beim Tisch decken. Beides steigert die Vorfreude und die Lust auf das Essen.
- Bieten Sie den Kindern einmal pro Woche ein Frühstück mit wechselnden Schwerpunkten an, z. B.: Obst, Gemüse, Müsli, Quark, Marmelade, Käse oder Wurst.
- Lassen Sie die Kinder von zu Hause Obst mitbringen und stellen Sie daraus einen Obstkorb zusammen, den Sie nachmittags gemeinsam anrichten und verspeisen.
- Rohkostvariationen aus verschiedenen Gemüsesorten eignen sich vor dem Mittagessen als Appetithäppchen.
- Als Nachtisch können Sie ein kleines Käsebuffet mit Würfeln aus verschiedenen Käsesorten anbieten.
- Überaus beliebt ist auch das Pudding- und Breibüffet, bei dem unterschiedliche Geschmacksrichtungen bereitstehen.

Trink-Bar

So geht's:

- Bieten Sie an einem Tag in der Woche verschiedene Tees, verdünnte Obst- und Gemüsesäfte oder Milchshakes an einer Getränkebar an.
- Wenn Sie gleichzeitig spielerisch auf die Kinder eingehen möchten, können Sie ein kleines Rollenspiel rund um das Getränkebüffet entwickeln. Schlüpfen Sie in die Rolle der Saftverkäuferin und „verkaufen" Ihre Säfte an einem ansprechend gestalteten Verkaufstisch.

Variante:

Pressen Sie aus verschiedenen Obst- und Gemüsesorten kleine Portionen Saft, z. B. Apfel, Orange, Karotte, Tomate, Gurke. Füllen Sie jeden Saft in einen Becher und legen Sie das Obst und Gemüse zur Ansicht aus. Das Kind soll durch Schmecken herausfinden, welcher Saft zu welchem Obst oder Gemüse passt.

Thema:
Geschmacksrichtungen

Bildungsbereich:
Körper und Gesundheit

Kompetenzbereiche:
Geschmacksrichtungen kennenlernen, gustatorische Wahrnehmung schulen

Alter:
ab 12 Monate

Anzahl:
1 Kind oder Kleingruppe

Material pro Kind zu „Ess-Bar":
Teller

Material zu „Trink-Bar":
Tees, Saftschorlen oder Milchshakes je nach Schwerpunkt

Achtung!
Sprechen Sie im Vorfeld mit den Eltern über mögliche Allergien oder Lebensmittelunverträglichkeiten der Kinder!

Gustatorische Wahrnehmung

Thema:
Geschmacksrichtungen

Bildungsbereiche:
Körper und Gesundheit, Sprache

Kompetenzbereiche:
Geschmacksrichtungen kennenlernen, olfaktorische Wahrnehmung entwickeln

Alter:
ab 24 Monate

Anzahl:
1 Kind oder Kleingruppe

Material:
Teller, Messer, verschiedene Gemüsesorten, z. B. Kohlrabi, Fenchel, Karotte, Tomate, Mais, Gurke, Zucchini, Radieschen

Achtung!
Sprechen Sie im Vorfeld mit den Eltern über mögliche Allergien oder Lebensmittelunverträglichkeiten der Kinder!

Gemüseraten

Um die Kinder spielerisch mit verschiedenen Gemüsesorten vertraut zu machen und sie zu motivieren, ausreichend Gemüse zu essen, bietet sich folgende Aktivität an.

So geht's:

- Legen Sie die verschiedenen Gemüsesorten in einem Korb bereit.
- Fragen Sie die Kinder, welches Gemüse sie bereits kennen. Nennt ein Kind ein Gemüse aus dem Korb, legen Sie es in die Mitte, sodass es alle Kinder gut sehen können.
- Schneiden Sie die verschiedenen Gemüsesorten vor den Kindern auf und bieten Sie ihnen anschließend auf kleinen Tellern Kostproben davon an.

Tipps:

- Dasselbe Spiel kann natürlich auch mit verschiedenen Obstsorten gespielt werden.
- Falls die Kinder nur zu bestimmten Sorten greifen, zwingen Sie sie nicht dazu, von allem zu probieren. Es ist besser, die Kinder essen oft die gleichen Gemüsesorten als gar kein Gemüse. Das gilt natürlich auch für Obst.
- Viele Kinder sind essen lieber Rohkost als gekochtes Gemüse. Bieten Sie ihnen daher vor dem Essen Rohkostteller an. Achten Sie darauf, das Gemüse möglichst appetitlich anzurichten und nicht zu viele Sorten zu mischen. Probieren Sie einmal aus, Gemüse in Form von Stiften, Würfeln oder Kugeln anzubieten.

Variante:

Bereiten Sie zunächst Karten mit Abbildungen der verschiedenen Gemüsesorten vor. Bieten Sie den Kindern dann kleine Stücke der Gemüsesorten zum Probieren an und lassen Sie sie die Kostproben den entsprechenden Karten zuordnen. Benennen Sie jeweils das Gemüse, damit sich die Kinder die Namen einprägen.

Gustatorische Wahrnehmung

Geschmackswürfelspiel

Viele Kinder essen lieber schnell sättigende Nahrungsmittel wie Nudeln oder Brot. In Obst und Gemüse sind wichtige Vitamine und Ballaststoffe enthalten, die Teil einer gesunden und ausgewogenen Ernährung sind. Versuchen Sie, den Kindern Obst und Gemüse schmackhaft zu machen, indem Sie es einladend anrichten und in folgendes Spiel integrieren.

Vorbereitung:
Richten Sie auf mehreren Tellern verschiedene Obst- und Gemüsesorten in mundgerechten Stücken an, die Sie farblich sortieren.

So geht's:
- Ein Kind würfelt mit einem Farbwürfel. Benennen Sie zunächst gemeinsam mit den Kindern die gewürfelte Farbe.
- Lassen Sie anschließend die Kinder den Teller mit dem Obst und Gemüse in der entsprechenden Farbe suchen, z. B. rot.
- Das Kind, das gewürfelt hat, darf sich nun von dem Teller mit den roten Obst- und Gemüsestücken etwas aussuchen und essen. Vielleicht erkennt das Kind selbst, was es sich ausgesucht hat, und kann den Geschmack beschreiben? Geben Sie hierbei Hilfestellung.
- Begleiten Sie dieses Spiel sprachlich, indem Sie sowohl die Farben als auch die Obst- und Gemüsesorten benennen.

Thema:
Geschmacksrichtungen

Bildungsbereich:
Körper und Gesundheit

Kompetenzbereiche:
Farben erkennen, benennen und sortieren, Geschmacksrichtungen kennenlernen, gustatorische und olfaktorische Wahrnehmung entwickeln

Alter:
ab 18 Monate

Anzahl:
Klein- oder Gesamtgruppe

Material:
Teller, Messer, Farbwürfel, verschiedene Obst- und Gemüsesorten passend zu den Farben des Würfels, z. B. rot: Tomate, Erdbeere, roter Paprika, grün: Gurke, Kiwi, grüner Paprika, blau: Blaubeeren, Trauben, Pflaumen, gelb: Honigmelone, Zitrone, gelber Paprika

Achtung!
Sprechen Sie im Vorfeld mit den Eltern über mögliche Allergien oder Lebensmittelunverträglichkeiten der Kinder!

Gustatorische Wahrnehmung

Thema:
Geschmacksrichtungen

Bildungsbereiche:
Körper und Gesundheit, Sprache

Kompetenzbereiche:
Geschmacksrichtungen kennenlernen, gustatorische Wahrnehmung entwickeln

Alter:
ab 18 Monate

Anzahl:
1 Kind oder Kleingruppe

Material:
4 Kannen, Limonade, Malzkaffee oder Pampelmusensaft, Wasser, Salz, Zitronensaft

Material pro Kind:
Teelöffel

Achtung!
Sprechen Sie im Vorfeld mit den Eltern über mögliche Allergien oder Lebensmittelunverträglichkeiten der Kinder!

Geschmackstest

Durch die Geschmacksknospen auf unserer Zunge können wir vier primäre Geschmacksrichtungen unterscheiden: süß, salzig, sauer und bitter. Die Kinder erfahren bei der folgenden Aktivität, die Geschmacksintensität von verschiedenen Getränken bewusst zu unterscheiden.

Vorbereitung:

Bereiten Sie in vier Kannen verschiedene Getränke vor: süße Limonade, Malzkaffee oder Pampelmusensaft, mit Wasser verdünnter Zitronensaft und Salzwasser.

So geht's:

- Die Kinder probieren teelöffelweise nacheinander die verschiedenen Flüssigkeiten.
- Unterstützen Sie die Kinder dabei, die unterschiedlichen Geschmacksqualitäten zu benennen: süß (Limonade), salzig (Salzwasser), sauer (Zitronensaft), bitter (Malzkaffee, Pampelmusensaft).

Tipp:

Kindern ab 24 Monaten können Sie zur Intensivierung des Geschmackserlebnisses die Augen verbinden, wenn sie dies möchten und zulassen. So können sich die Kinder keine vorschnelle Meinung über das Getränk bilden, da sie es nicht sehen.

Variante:

Die meisten Kinder mögen am liebsten Süßes, denn der Geschmack erinnert sie an die Muttermilch. Bieten Sie den Kindern Nahrungsmittel an, die unterschiedlich süß schmecken, z. B. Zucker, Honig, Sirup, Traubenzucker, Vollmilchschokolade, reifes und süß-saures Obst. Die Kinder werden schnell merken, dass die Intensität der Süße sich sehr voneinander unterscheidet. Führen Sie die Kinder auf diese Weise sprachlich an die Begriffe „süß – süßer – am süßesten" heran.